A Relação de Franquia no Mundo Empresarial e as Tendências da Jurisprudência Brasileira

**A RELAÇÃO DE FRANQUIA NO MUNDO EMPRESARIAL
E AS TENDÊNCIAS DA JURISPRUDÊNCIA BRASILEIRA**

AUTOR: Marina Nascimbem Bechtejew Richter
DIAGRAMAÇÃO: Almedina
DESIGN DE CAPA: FBA
ISBN: 978-858-49-3049-4

Dados Internacionais de Catalogação na Publicação (CIP)
(Câmara Brasileira do Livro, SP, Brasil)

Richter, Marina Nascimbem Bechtejew
A relação de franquia no mundo empresarial e as
tendências da jurisprudência brasileira /
Marina Nascimbem Bechtejew Richter. --
São Paulo : Almedina, 2015.
1. Contratos - Brasil 2. Franquias (Comércio
varejista) - Legislação - Brasil 3. Jurisprudência -
Brasil I. Título.

15-04187 CDU-34:339.176

Índices para catálogo sistemático:
1. Franquias : Leis : Direito 34:339.176

Este livro segue as regras do novo Acordo Ortográfico da Língua Portuguesa (1990).

Junho, 2015

EDITORA: Almedina Brasil
Rua José Maria Lisboa, 860, Conj.131 e 132 | Jardim Paulista | 01423-001 São Paulo | Brasil
editora@almedina.com.br
www.almedina.com.br

A Relação de Franquia no Mundo Empresarial e as Tendências da Jurisprudência Brasileira

2015

Marina Nascimbem Bechtejew Richter

SUMÁRIO

1. INTRODUÇÃO

O setor do *franchising* encontra-se em pleno crescimento, tendo recebido atenção por parte de empresários e de investidores, inclusive estrangeiros, pois por um lado o empreendedor tem a chance de expandir o seu negócio e a sua marca com o capital de terceiros - os franqueados, e por outro lado, os terceiros encontram uma possibilidade de realizar o sonho de implantar e operar o seu negócio próprio.

Diante desse pleno crescimento, a escolha do tema do presente projeto de conclusão do curso "LLM Direito Contratos" decorre do interesse em acompanhar o entendimento jurisprudencial sobre as causas relacionadas à relação de franquia, especialmente no que diz respeito às cláusulas que tratam da não concorrência, do sigilo e da eleição da arbitragem, evitando surpresas quando das suas interpretações por parte dos magistrados.

Para tanto, faz-se necessário um breve esclarecimento de como surgiram as relações de franquia, bem como a sua evolução no tempo e no espaço.

As primeiras relações de franquia nasceram nos Estados Unidos da América, em meados de 1860, com a indústria de máquinas de costura *Singer Sewing Machine*, que decidiu expandir os seus negócios, aumentar o seu faturamento, tudo com baixo capital de investimento. Para isso, a empresa procurou a colaboração de comerciantes de outras regiões, dando inicio a essência do verdadeiro sistema de franquia, ou seja, a colaboração entre empresários independentes para a obtenção de um fim comum.

Esta modalidade mercantil foi impulsionada em todo mundo com o fim da Segunda Guerra Mundial, quando muitas pessoas procuravam novas oportunidades para se reerguer economicamente.

No Brasil, a pioneira foi a rede Yázigi, que em meados da década de 50 fechou uma licença para que uma escola de idiomas usasse o seu método de ensino. Em 1966, a empresa adotou o sistema de professores associados, que depois foi transformado no conceito de franquia da empresa. Outras redes acabaram seguindo o mesmo percurso.

Diante do cenário atual brasileiro, que vem sendo buscado como alternativa de investimento inclusive por empresas estrangeiras, e do crescimento tanto das redes como do número de franqueados no Brasil, nota-se que o tema é totalmente atual e merece discussão.

Segundo dados divulgados pela ABF – Associação Brasileira do *Franchising*, o faturamento do setor de franquias cresceu 355,42% entre os anos de 2001 e 2011, fechando 2011 com R$ 88,854 bilhões[1], 2012 com R$ 103,292 bilhões e 2013 com R$ 115,582 bilhões[2].

Esse aumento do faturamento certamente decorreu da evolução do número das redes de franquia no Brasil, que no ano de 2011 era de 2.031, ao passo que no ano de 2001 era de apenas 600; e ainda da evolução do número de unidades franqueadas, que no ano de 2011 alcançou a marca de 93.098 unidades, gerando mais de 837.882 empregos diretos[3].

Nota-se que desde 2001 não houve um ano em que o setor tivesse um faturamento inferior ao ano anterior, situação que também pode ser observada no que tange a evolução das redes de franquia, comprovando ainda mais a importância do estudo das relações de franquia.

Por muito tempo, porém, não houve qualquer regramento no Brasil que dispusesse sobre as relações de franquia. Infelizmente, em razão dessa falta muitos empresários despreparados se aventuraram expandindo as suas redes através desse canal. Outros se aventuraram implantando lojas franqueadas sem o menor conhecimento da rede e do negócio. Tudo isso, acarretou em um crescimento das redes sem projetos consistentes, e consequentemente, em um crescimento desordenado, o que gerou problemas para muitos empresários, tanto franqueados, como franqueadores.

1 http://www.portaldo*franchising*.com.br/site/content/interna/index.asp?codA=11&codC=4&origem=sobreosetor

2 http://www.portaldo*franchising*.com.br/numeros-do-*franchising*/evolucao-do-setor-de-*franchising*

3 http://www.portaldo*franchising*.com.br/site/content/interna/index.asp?codA=11&codC=4&origem=sobreosetor

Apenas no ano de 1994 foi aprovada e sancionada a primeira lei de franquias Brasileira, a Lei nº 8.955.

Ocorre, porém, que esta lei é extremamente enxuta e não trata de temas importantes como as conseqüências do desrespeito da cláusula de sigilo, confidencialidade e não concorrência. De uma forma geral, a lei traz uma definição do que é um sistema de franquia, tratando, ainda, da obrigação da franqueadora apresentar a Circular de Oferta de Franquia, dos requisitos que deverão constar neste documento, e ainda esclarece que o contrato de franquia não precisa ser registrado, devendo ser subscrito por duas testemunhas.

Existem alguns projetos que visam alterar a lei de franquia, contudo, tais projetos ainda não possuem previsão para a sua aprovação, sendo que ainda que sejam aprovados e passem a vigorar como lei, muitos dos temas abordados nesse trabalho continuarão sem qualquer definição.

Em razão desta "insuficiência" de regras legais, os contratos de franquia devem ser redigidos com muita cautela, incluindo previsões que possam proteger principalmente o interesse da rede como um todo, afinal, quando se tem uma relação de franquia não se pensa no interesse de uma única empresa, mas sim de um conjunto de empresas que estão ligadas pela mesma marca.

Assim, ao celebrar um contrato, as partes – franqueador e franqueado - não se limitariam a aplicar o direito abstrato que o rege. Estariam criando também normas individuais que geram obrigações e direitos concretos não existentes antes de sua celebração. Estas normas individuais, que compõem o conteúdo do contrato e exigem determinada conduta dos contratantes, teriam a mesma substância normativa da regra *pacta sunt servanda*, que aplicam ao celebrar o contrato[4].

Importante destacar que apesar de já estar pacificado o entendimento jurisprudencial do Superior Tribunal de Justiça de que a relação de franquia não configura uma relação de consumo, sendo inaplicável o Código de Defesa do Consumidor, ainda restam dúvidas se o contrato de franquia é um contrato de adesão, e em consequência disso, se seria aplicado o disposto no artigo 424 do Código Civil, que dispõe que nos contratos de adesão são nulas as cláusulas que estipulem a renuncia antecipada do aderente a direito resultante da natureza do negócio.

[4] GOMES, Orlando. Contratos. Rio de Janeiro, Forense, 2002, 25ª edição, p. 13

Pois bem, mesmo que se tratasse de contrato de adesão ou mero contrato padrão, o princípio da força obrigatória do contrato é controlado pelos princípios cogentes da boa-fé objetiva, da função social e da justiça contratual, razão pela qual, muitas vezes algumas das suas cláusulas não são admitidas pelo judiciário. Esse é o problema, por exemplo, da cláusula de não concorrência, que será brevemente citada abaixo, e ainda, de outras cláusulas que serão oportunamente estudadas.

Ensina FABIO ULHOA COELHO:

> As cláusulas contratuais de disciplina da concorrência podem ou não ser válidas, de acordo com uma série de fatores, a serem especificamente analisados. Para análise, o critério mais relevante é o da preservação do livre mercado. Ou seja, as partes podem disciplinar o exercício da concorrência entre elas, desde que não a eliminem por completo. Em outros termos, a validade da disciplina contratual da concorrência depende da preservação de margem para a competição (ainda que futura) entre os contratantes; ou seja, da definição de limites materiais, temporais e espaciais. Em concreto, a vedação não pode dizer respeito a todas as atividades econômicas, nem deixar de possuir delimitações no tempo ou no espaço. [5]

E ainda sobre o temo, segue a lição do Prof. FÁBIO KONDER COMPARATO, em estudo sobre a matéria, publicado na Revista de Direito Mercantil:

> Nas hipóteses de restrições convencionais de concorrência, a jurisprudência, tanto aqui como alhures, firmou-se no sentido de enquadrar a licitude de tais estipulações dentro de limites precisos de objeto, de tempo e de espaço, tendo em vista o princípio da liberdade de concorrência, que entre nós, como sabido, tem assento constitucional (CF, art. 170).
>
> É preciso, com efeito, que a obrigação de não-concorrência defina o tipo de atividade sobre a qual incide (...).

[5] COELHO, Fabio Ulhoa. Curso de Direito Comercial. São Paulo, Saraiva, 1999.Vol 1, 2ª ed., p.237

> Não basta, porém, que se defina o objeto dessa obrigação de não-concorrer. Importa, ainda, que ela seja limitada no tempo, ou no espaço. Estas duas últimas restrições podem ser cumuladas, mas é indispensável que exista pelo menos uma. Quando a causa da interdição de concorrência prende-se, sobretudo, à pessoa do empresário, é normal que se estabeleça uma limitação no tempo, pois a clientela pessoal tende a se dispersar no curso dos anos. Mas se a razão de ser da estipulação é a concorrência espacial entre estabelecimentos, o que importa é a fixação de uma distância mínima de separação entre eles, a prevalecer sem limitação de tempo. [6]

Como bem se observa, para que a cláusula de não concorrência seja considerada válida, ela deve ser clara, e não pode vedar o exercício da atividade econômica perpetuamente no tempo e no espaço. E mesmo sendo clara a cláusula, é comum verificar decisões que rejeitam liminares para obrigar o respeito da cláusula, sob a alegação de que existe a possibilidade de conversão da obrigação em indenização.

Outras cláusulas comuns em contratos de franquia, como é o caso da cláusula de eleição do foro, da cláusula de eleição da arbitragem, da cláusula que trata do sigilo e confidencialidade, entre outras, muitas vezes também não são admitidas pelo judiciário, ou são meramente convertidas em indenização, colocando o franqueador em uma situação de desvantagem, afinal, o franqueado nota que pode infringir o contrato e que nada lhe acontecerá.

Diante de tudo isso, o estudo objeto da monografia buscará discutir a validade e eficácia de algumas cláusulas inseridas no contrato de franquia, indicando o posicionamento do judiciário sobre tais cláusulas, bem como apontando melhoramentos que podem ser inseridos para que as cláusulas tenham uma maior eficácia.

[6] COMPARATO, Fábio Konder . As Cláusulas de Não-Concorrência nos "Shopping Centers", in RDM n.º 97, pp. 27 e 28.

2. BREVE HISTÓRICO DO SISTEMA DE FRANQUIA NO MUNDO

Segundo Daniel Alberto Bernard:

> O sistema de *franchising* teria surgido de uma forma embrionária há 1.000 anos, na Idade Média, quando o poder estava diretamente associado à posse de terra. Em uma época em que prevalecia a agricultura de subsistência, os reis concediam, somente a alguns privilegiados comerciantes, um espaço nas feiras para comercialização de produtos, em troca de um percentual sobre o faturamento.[7]

Jorge Pereira Andrade esclareceu ainda que alguns estudiosos remetem o nascimento da franquia à Idade Média, "quando a Igreja Católica concedia autorização para que os senhores feudais agissem como coletores de impostos, contanto que pagasse por isso parte do recolhido."[8]

O termo significava a transferência de um direito, outorga de um privilégio ou concessão exclusiva.

Adalberto Simão Filho, citando Luis Cardelus, destaca em sua obra que o *franchising* originou-se nos Estados Unidos, após a Guerra da Secessão, de forma rudimentar. Segundo este autor, os industriais do norte, com o objetivo de expandir seus negócios para o Sul e Oeste do país, celebravam

[7] BERNARD, Daniel Alberto. Como tornar sua empresa uma franquia. Brasília, SEBRAE, 2007, p. 12

[8] ANDRADE, Jorge Pereira. Contratos de Franquia e Leasing : novos rumos para atualização dos contratos de leasing, 4ª ed. – São Paulo: Atlas, 2000, p. 14

acordos com os comerciantes daquelas regiões, para que estes passassem a distribuir os seus produtos naquelas regiões.[9] Na realidade, porém, esse sistema se aproxima mais de uma distribuição do que de uma franquia.

Foi em meados do ano de 1860 que o sistema de franquia, tal como é conhecido atualmente, surgiu nos Estados Unidos da América.

A indústria de máquinas de costura *Singer Sewing Machine* decidiu expandir os seus negócios, aumentando o seu faturamento com baixo capital de investimento. Para isso, a empresa procurou a colaboração de comerciantes de outras regiões, dando inicio a essência do verdadeiro sistema de franquia, ou seja, a colaboração entre empresários independentes para a obtenção de um fim comum[10].

Segundo Daniel Alberto Bernard:

> Para vender o produto Singer, os pequenos comerciantes deveriam arcar com as despesas para adaptação de suas lojas para deixá-las mais adequadas à exposição das máquinas de costura. Além disso, como forma de diferenciação e destaque, esses pontos de venda passaram a ter logomarca da Singer em suas fachadas.[11]

No ano de 1898, a General Motors passou a utilizar o sistema de franquia para expandir a sua revenda de carros, e no ano seguinte, a Coca-Cola passou a outorgar franquias de engarrafamento e distribuição dos seus refrigerantes. Outras empresas, como é o caso da rede de supermercados Piggly Wiggly e a Hetz Rent-a-Car também decidiram expandir as suas redes através do sistema de franquia em meados de 1920. Jorge Pereira Andrade[12] lembra, ainda, que nos anos 30 a Texaco também se utilizava dos sistemas de franquia.

Na década de 50 surgiram grandes redes que são conhecidas internacionalmente, como é caso do McDonald´s, Burger King e Dunkin´Donuts.

[9] SIMÃO FILHO, Adalberto. *Franchising*: aspectos jurídicos e contratuais. 2ª ed. – São Paulo: Atlas, 1997, p.17

[10] LOBO, Jorge. Contrato de *Franchising*. Rio de Janeiro: Forense, 1997. 91 p. p. 23

[11] BERNARD, Daniel Alberto. Como tornar sua empresa uma franquia. Brasília, SEBRAE, 2007, p. 12

[12] ANDRADE, Jorge Pereira – Contratos de Franquia e Leasing : novos rumos para atualização dos contratos de leasing, 4ª ed. – São Paulo: Atlas, 2000, p. 14

Segundo Glória Cardoso de Almeida Cruz, "Quando Ray A. Kroc abriu, em 1955, na cidade de Desplaines, em Illinois (EUA), o primeiro restaurante McDonald's, não podia prever que dava início a uma das maiores cadeias de alimentação do mundo e um dos exemplos mais bem-sucedidos de *franchising*."[13]

Esta modalidade mercantil foi impulsionada em todo mundo com o fim da Segunda Guerra Mundial, quando muitas pessoas procuravam novas oportunidades para se reerguer economicamente. Glória Cardoso de Almeida Cruz esclarece que:

> As primeiras procuraram oportunidade para firmar-se economicamente, para inserir-se, novamente, nos quadros da atividade profissional, tinham uma certa independência que não lhes permitia engajar-se como simples assalariado e, devido ao tempo que ficaram afastados tinham muitas dificuldades em relação à atividade comercial.
>
> E as outras procuraram aproveitar este material humano na expansão de seus negócios. Várias empresas descobriram um modo de ligar esses elementos aos seus empreendimentos, passando a oferecer o contrato de *franchising*, que se firmou como uma técnica de comercialização de certos produtos para incrementar e facilitar as vendas dos mesmos.[14]

No Brasil, a pioneira foi a rede Yázigi, que em meados da década de 50 fechou uma licença para que uma escola de idiomas usasse o seu método de ensino. Em 1966, a empresa adotou o sistema de professores associados, que depois foi transformado no conceito de franquia da empresa.

Para Glória Cardoso de Almeida Cruz[15], a pioneira no setor do *franchising* foi a empresa de calçados Stella, todavia, este não é o entendimento corroborado por muitos, já que se tratava de um sistema muito semelhante ao sistema de franquia, mas não de um sistema de franquia propriamente dito.

Outras redes acabaram seguindo o mesmo percurso, contudo, foi na década de 80 que o sistema começou a se organizar, culminando com a

[13] CRUZ, Glória Cardoso de Almeida. *Franchising*. Rio de Janeiro: Forense, 1993, p.4

[14] CRUZ, Glória Cardoso de Almeida. *Franchising*. Rio de Janeiro: Forense, 1993, p.7 e 8

[15] CRUZ, Glória Cardoso de Almeida, *Franchising* – Rio de Janeiro: Forense, 1993, p.6

criação da ABF – Associação Brasileira do *Franchising*, e o sancionamento da lei de franquias no ano de 1994[16]. A evolução dos sistemas de franquia é crescente, sendo que no ano de 2011 o Brasil já apresentava 2.031 redes[17].

[16] http://www.portaldo*franchising*.com.br/site/content/interna/index.asp?codA=11&codC=4&origem=sobreosetor

[17] http://www.portaldo*franchising*.com.br/site/content/interna/index.asp?codA=11&codC=4&origem=sobreosetor

3. DEFINIÇÃO DO TERMO FRANQUIA

A Franquia, como se vê o modelo que vem sendo implantado pelas redes, é um método de se fazer negócios através do qual se concede a um Franqueado o direito de vender ou distribuir produtos ou serviços sob um formato operacional e mercadológico previamente definido pelo Franqueador. O Franqueador transmite o *know how* necessário e permite que o franqueado se valha de sua marca, nome e publicidade e eventualmente, de um mix de produtos e/ou serviços que devem ser levados ao consumidor.

Roberto Baldi esclarece que a Comissão da CEE, com o Regulamento n. 4.087, de 30/11/88, definiu o *franchising* nos seguintes termos:

> Art. 3º a) Per *franchising* si intende un insieme di diritti di proprietá industriale o intellettuale relativi a marchi, denominazioni comerciali, insegne, modelli di utilitá, disegni, diritti d'autore, know how o brevetti da utilizzare per la rivendita di beni o per la prestazione di servizi ad utilizzatori finali. b) per accordo di *franchising* si intende un accordo com il quale un'impresa, l'affiliante, concede ad un'altra, l'affiliato, il diritto di sfruttare un *franchising* allo scopo di commercializzare determinati tipi di beni e/o di serviz. [18] [19]

[18] BALDI, Roberto. Il contratto di agenzia — La concessione di vendida - Il *franchising*. 5ª ed. Milano:A. Giuffré Editore, 1992. p. 122-123

[19] Tradução do texto: Artigo 3º) Franquia é um conjunto de direitos de propriedade industrial ou intelectual relativos a marcas, uso comercial, sinais, modelos de utilidade, desenhos, direitos autorais, patentes ou know-how para utilizar a revenda de mercadorias ou para a

José Cretella Netto, citando a definição do *franchising* da *International Franchise Association (IFA)*, entidade sediada em Washington, define o sistema de franquia como: "uma relação contratual complexa, envolvendo transferência de *know how*, treinamento, uso de marca e adoção de procedimentos formatados que compreende obrigações do franqueador e do franqueado para o investimento e a operacionalização do negócio".[20]

Segundo Fran Martins[21], a franquia empresarial é um contrato que liga uma pessoa (franqueado) a uma empresa (franqueadora) para que esta, mediante condições especiais, conceda à primeira o direito de comercializar marcas ou produtos de sua propriedade sem que, contudo, estejam ligados por vínculo de subordinação.

Rubens Requião[22] acrescenta que a empresa comercial se relaciona com a empresa industrial, de forma a manter, cada uma, a integridade de sua personalidade jurídica. Acrescenta ainda que nesse tipo de negócio ou sistema de comercialização, a empresa produtora, à semelhança do que ocorre com o Estado no contrato de concessão de serviço público, descentraliza sua atuação, deferindo a outra empresa estranha, a distribuição e colocação de seus produtos no mercado consumidor, de tal forma que a empresa produtora, formando a rede de concessionários, em estilo que lhe garanta eficiência e disciplina, despreocupa-se com o escoamento de sua produção, descentralizando o setor comercial, órgão complementar da atividade produtiva.

Waldirio Bulgarelli, por seu turno, define a relação da seguinte forma:

> *Franchising* é a operação pela qual um comerciante titular de uma marca comum, cede seu uso, num setor geográfico definido, a outro comerciante. O beneficiário da operação assume integralmente o financiamento de sua atividade e remunera o seu co-contratante com uma percentagem calculada sobre o volume dos negócios. Repousa

prestação de serviços aos usuários finais. b) contrato de franquia é um acordo no qual uma empresa, a franqueadora, concede a outra, o franqueado, o direito de explorar uma franquia, com o objetivo de comercializar determinados bens ou serviços.

[20] CRETELLA NETO, José. Manual Jurídico do Franchising . São Paulo: Atlas, 2003, p. 14

[21] MARTINS, Fran. Contratos e obrigações comerciais. Rio de Janeiro: Forense, 1981. 690 p. 583

[22] REQUIÃO, Rubens. Revista de Direito Comercial, n. 7, 1972

sobre a cláusula da exclusividade, garantindo ao beneficiário, em relação aos concorrentes, o monopólio da atividade[23].

Nelson Abrão acrescenta ainda que:

> (...) um contrato pelo qual o titular de uma marca de indústria, comércio ou serviço (franqueador), concede seu uso a outro empresário (franqueado), posicionando em nível de distribuição, prestando-lhe assistência no que concerne aos meios e método para viabilizar a exploração dessa concessão, mediante o pagamento de uma entrada e um percentual sobre o volume dos negócios do franqueado.[24]

Glória Cardoso de Almeida Cruz, citando o mestre Orlando Gomes, definiu o *franchising* como sendo:

> Como o vocábulo *franchising* designa-se a operação pela qual um empresário concede a outro o direito de usar a marca de um produto seu com assistência técnica para a sua comercialização, recebendo em troca determinada remuneração. É um contrato que se aproxima da concessão exclusiva, da distribuição, do fornecimento e da prestação de serviços. Não é outrossim, locação nem mandato, mas sim, figura autônoma, embora híbrida[25].

José Cretella Neto esclareceu que a *Cour d'Appel* de Paris, em 23-4-1978, definiu o *franchising* como sendo:

> (...) um método de colaboração entre uma empresa franqueadora, de um lado, e uma ou mais empresas franqueadas de outro, que implica, para o franqueador: (1) a propriedade de uma razão social, de um nome comercial de siglas e símbolos, de uma marca de fábrica, de comércio ou serviço, bem como de um know-how colocado à disposição das empresas franqueadas; (2) uma gama de

[23] BULGARELLI, Waldirio. Contratos mercantis. 8ª ed. São Paulo: Atlas, 1995. p.520.

[24] ABRÃO, Nelson. A lei de franquia empresarial (n. 8.955 de 15.12.1994). Revista dos Tribunais. São Paulo. Ano 84, v. 722, p. 25-39, dez. 1995. P. 27

[25] CRUZ, Glória Cardoso de Almeida. *Franchising*. Rio de Janeiro: Forense, 1993, p.12

> produtos e/ou de serviços oferecidos de modo original e específico, explorados obrigatória e totalmente segundo técnicas comerciais uniformes previamente testadas e constantemente atualizadas e controladas; esta colaboração tem por finalidade um desenvolvimento acelerado das empresas contratantes, pela ação comum resultante da conjugação de homens e de capitais, sempre mantendo a respectiva independência, no âmbito de acordos de exclusividade recíproca. Implica remuneração ou vantagem econômica em favor do proprietário da marca e do know how.[26]

Analisando todos os conceitos acima apresentados, nota-se que para o Franqueador, trata-se de uma possibilidade de expansão de um conceito de negócio já testado, através de capital de terceiros.

O Franqueado, por seu turno, tem a oportunidade de utilizar métodos já testados, marcas com maior nível de reconhecimento, e ainda, receber suporte e ter publicidade ampla e de maior impacto junto ao público consumidor.

Está intrínseco dentro do Sistema de Franquia a necessidade da franqueadora transferir conhecimento e experiência ao Franqueado. Jean-Marie Leloup[27] define esse saber fazer "*savoir faire*", que será transferido ao franqueado, como um conhecimento prático transmissível, que não era acessível ao público, não patenteado e que confere ao seu mentor uma vantagem frente a concorrência.

A Desembargadora Marilene Bonzanini do Tribunal de Justiça do Rio Grande do Sul descreve o sistema de forma brilhante no acórdão proferido na apelação de nº 70047462015.

> Caracteriza-se o contrato de franquia por ser uma licença onerosa de uso de marca ou patente, com distribuição exclusiva ou semi-exclusiva de produtos ou serviços, havendo transferência de Know-how (técnica de comercialização e distribuição do produto), marcado pela independência e autonomia administrativa do empresário-franqueado em relação ao franqueador.
>
> (...)

[26] CRETELLA NETO, José. Manual Jurídico do Franchising. São Paulo: Atlas, 2003, p. 15 e 16

[27] LELOUP, Jean-Marie. La Franchise: Droit et Pratique, 2ª Ed, Paris, Delmas, 1991, p. 27.

Tal espécie de negócio mercantil se revela vantajoso para franqueado e franqueador. O franqueado, não tendo conhecimentos técnicos para o sucesso do empreendimento almejado, vale-se das estratégias, procedimentos e conhecimentos do franqueador, empreendendo negócio já conhecido dos destinatários (consumidores). O franqueador, por seu turno, amplia sua oferta no mercado, obtendo vantagem econômica, sem assumir os riscos inerentes à abertura de uma filial.

Importante frisar ainda, que o Tribunal de Justiça do Estado do Rio Grande do Sul, assim como outros tribunais brasileiros, entende que o contrato de franquia é um contrato de risco, como qualquer outro empreendimento, estando condicionado aos fatores da boa gestão do franqueado, afinal, o franqueado é o dono do negócio, e ainda, as alterações do mercado e ainda à concorrência existente:

> Ademais, de acordo com a orientação jurisprudencial desta Corte, tem-se que o contrato de franquia é caracterizado como um contrato de risco, uma vez que, como qualquer empreendimento, está condicionado a fatores como a boa ou má gestão da franqueada, a concorrência e as oscilações do mercado. Assim, um empreendimento sob a modalidade de franquia empresarial, por si, não é garantia de rentabilidade ou de atividade próspera, uma vez que, mesmo que a franqueadora cumpra todos os deveres contratuais e que o franqueado desempenhe uma boa gestão, os resultados podem acabar frustrados simplesmente pelas circunstâncias de mercado.
>
> Nesse sentido, já decidiu este E. Tribunal de Justiça:
>
> APELAÇÃO CÍVEL. RESCISÃO DE CONTRATO DE FRANQUIA EMPRESARIAL. PERDAS E DANOS. VÍCIO DE VONTADE NÃO DEMONSTRADO. O contrato de franquia é negócio de risco, mediante o qual há um investimento pelo franqueado visando à expectativa de lucro, com base nas projeções de mercado, cabendo-lhe gerir de forma responsável o empreendimento, para que não resulte com prejuízo. Trata-se de hipótese clássica de contrato oneroso e bilateral, com o sinalagma básico das obrigações puras; o consenso foi manifestado pelas partes sem vícios de vontade e na forma prevista na Lei 8.955/94 (art. 6º). A teor do artigo 333, inciso I, do

Código de Processo Civil, competia à autora provar os fatos constitutivos do direito que invocou, mas não se desincumbiu de tal ônus. Sendo assim, o que se conclui dos autos é que não teve a demandante sucesso em seu empreendimento comercial, provavelmente por deficiência de sua administração, como sugere o Relatório de Visita da empresa franqueadora. Nesses termos, não há amparo contratual ou fático para tentar a autora repassar os seus prejuízos aos demandados APELAÇÃO DESPROVIDA. (Apelação Cível Nº 70037569613, Décima Câmara Cível, Tribunal de Justiça do RS, Relator: Túlio de Oliveira Martins, Julgado em 26/08/2010)

APELAÇÃO CÍVEL. CONTRATO DE FRANQUIA. AÇÃO DE RESCISÃO CONTRATUAL, CUMULADA COM PERDAS E DANOS. (...) Considerando que o contrato de franquia é um contrato de risco porque o sucesso, ou o fracasso do negócio, depende de vários fatores, caracterizado pela independência, ainda que relativa, da franqueada em relação à franqueadora, não se pode acolher pedido de perdas e danos quando não comprovado que o insucesso da atividade se deu por culpa da franqueadora. Prejudicado o exame do pedido de declaração de rescisão do contrato, fato que já ocorrera quando do ajuizamento da apresente demanda. PRELIMINAR REJEITADA. APELO DESPROVIDO. (Apelação Cível Nº 70018858423, Décima Sexta Câmara Cível, Tribunal de Justiça do RS, Relator: Ana Maria Nedel Scalzilli, Julgado em 25/04/2007)[28]

[28] APELAÇÃO CÍVEL. RESCISÃO DE CONTRATO DE FRANQUIA EMPRESARIAL. PERDAS E DANOS. ALEGAÇÃO DE DESCUMPRIMENTO CONTRATUAL DA FRANQUEADORA NÃO EVIDENCIADO. DANOS MORAIS INOCORRENTES. SENTENÇA MANTIDA. O contrato de franquia é negócio de risco, mediante o qual há um investimento pelo franqueado visando à expectativa de lucro, com base nas projeções de mercado, cabendo-lhe gerir de forma responsável o empreendimento, para que não resulte com prejuízo. Segundo a prova documental e testemunhal, não houve descumprimento contratual de parte da franqueadora, ora ré, pois prestara o suporte de assessoramento administrativo, financeiro e de marketing, nos termos contratados. Atribuível ao autor franqueado a responsabilidade pelo insucesso do negócio e conseqüente rescisão contratual. Tendo o Juízo de primeiro grau determinado a rescisão do contrato de franquia firmado entre as partes, não há falar em indenização por perdas e danos, lucros cessantes e, tampouco, restituição de valores. Dessa forma, inocorrentes também os danos morais, uma vez que para que exista o dever de indenizar, é necessária a presença dos requisitos da responsabilidade civil: ato ilícito, nexo causal e dano. APELO DESPROVIDO. (Apelação Cível Nº 70045856051, Quinta Câmara Cível, Tribunal de Justiça do RS, Relator: Romeu Marques Ribeiro Filho, Julgado em 29/02/2012)

Os desembargadores da 18ª Câmara do Tribunal de Justiça do Rio Grande do Sul destacaram ainda ao analisar a apelação nº 70024534737[29], que:

> Como sabido, no contrato de franquia "o franqueado deverá organizar a sua nova empresa com estrita observância das diretrizes gerais e determinações específicas do franqueador. Essa subordinação empresarial é inerente ao contrato. Não existe franquia sem ela" (Fábio Ulhoa Coelho, em artigo intitulado "Considerações Sobre a Lei da Franquia", publicado na Revista da ABPI, nº 16, pp. 15/19, maio/junho de 1995).
>
> Por isso, "segundo o Bank of America, citado pelo Prof. Fran Martins (ibidem), o melhor método para o sucesso da franquia é a feliz aplicação de controles pelo franqueador, ao qual a franquia propicia rede de distribuição, em condições menos onerosas, pois não se vê compelido a abertura de filiais". ("Aspectos dos Contratos de Leasing, Franquia e Factoring", Luiz Roldão de Freitas Gomes, Revista de Direito do TJ do Estado do Rio de Janeiro, vol. 41, p. 39).
>
> Atuando o franqueado como parceiro e replicador da marca e empreendimento criados pelo franqueador a fidúcia, de parte a parte, é elemento essencial à manutenção da relação negocial.
>
> Nada obstante a natural superioridade econômica do franqueador, cuja atividade empresarial se amplia e reforça por meio da atuação do franqueado, em havendo quebra de confiança por parte deste,

[29] AGRAVO DE INSTRUMENTO. ANTECIPAÇÃO DE TUTELA. FRANQUIA EMPRESARIAL (*FRANCHISING*). INADIMPLEMENTO DE ROYALTIES E CONDUTA COMERCIAL EM DESACORDO COM AS NORMAS DO FRANQUEADOR, A POR EM RISCO O BOM NOME DA MARCA. INDEFERIMENTO PELO JUÍZO A QUO. RECURSO PROVIDO DE PLANO, A FIM DE DEFERIDA A MEDIDA. No contrato de franquia o franqueado deverá organizar a sua nova empresa com estrita observância das diretrizes gerais e determinações específicas do franqueador. Essa subordinação empresarial é inerente ao contrato. (Fábio Ulhoa Coelho). Proibição de acesso de prepostos do franqueador para proceder à vistoria e supervisão do estabelecimento, comprovada por ata notarial. Configurados os requisitos ensejadores da outorga de antecipação dos efeitos da tutela, quais sejam, a verossimilhança do direito alegado, prova inequívoca e risco de dano de difícil reparação, a concessão da medida justifica-se, ainda, como meio de assegurar a eficácia do processo. Agravo provido de plano, a fim de deferida a antecipação de tutela, para que a ré, pena de multa-diária, cesse imediatamente a utilização de quaisquer elementos identificadores da marca. Decisão monocrática. (Agravo de Instrumento Nº 70024534737, Décima Oitava Câmara Cível, Tribunal de Justiça do RS, Relator: Cláudio Augusto Rosa Lopes Nunes, Julgado em 06/06/2008)

revela-se a vulnerabilidade daquele, cuja marca e prestígio restam entregues aos cuidados de um verdadeiro "inimigo na trincheira".

Nota-se, assim, que a utilização dos sistemas de franquia trazem vantagens aos franqueados e franqueadores, mas podem trazem também desvantagens, como se observará adiante.

Dentre as vantagens que podem ser citadas ao franqueado, destaca-se:

i. O direito de se associar a uma marca muitas vezes já consolidada ou em processo de consolidação,
ii. O direito de se utilizar de um conceito de negócio já testado,
iii. A possibilidade de diminuição dos riscos ao ingressar no negócio,
iv. Acesso à profissionalização do negócio,
v. A possibilidade de obter melhores condições comerciais junto a fornecedores, entre outros.

Contudo, algumas desvantagens também podem ser citadas ao franqueado, ou seja:

i. Baixo grau de liberdade no negócio, afinal, as lojas devem seguir os mesmos padrões,
ii. Existência de um parceiro remoto,
iii. Necessidade de pagar uma remuneração ao Franqueador,
iv. Necessidade de assimilar o conceito do negócio, entre outros.

Por parte do franqueador, podem ser citadas as seguintes vantagens:

i. Expansão acelerada a baixo custo,
ii. Consolidação territorial,
iii. Maior eficiência em cada unidade/loja,
iv. Consolidação da marca,
v. Negociação de preços e/ou condições junto a fornecedores,
vi. Desenvolvimento da rede, entre outros.

São desvantagens ao franqueador:

i. Proprietário do conceito do negócio, mas não dos pontos de venda,

ii. Diminuição dos seus lucros,
iii. Risco maior a sua marca, entre outros.

Segundo Silvio de Salvo Venosa, "A franquia procura, sem dúvida, forma mais eficiente e prática de distribuição de produtos e serviços. A conjugação de esforços entre as empresas no contrato denota colaboração recíproca"[30].

Este autor destaca ainda, que "Para que o contrato opere, é necessário que o franqueador autorize uso de marcas, patentes, símbolos etc. Ambas as empresas são independentes uma da outra; essa a característica mais proeminente do instituto"[31].

Por tudo isso, nota-se o grande crescimento do *franchising* por todo o mundo. Segundo José Cretella Neto[32], entre os anos de 1986 e 1990, a Inglaterra teve um crescimento de 173%, ao passo que na França, o crescimento do número de franqueadores entre 1977 e 1988 foi de 585%, sendo que o crescimento do número de franqueados nesse mesmo período foi de 333%.

No Brasil, segundo dados divulgados pela ABF – Associação Brasileira do *Franchising*, houve uma evolução do número das redes de franquia no Brasil, que no ano de 2011 era de 2.031, ao passo que no ano de 2001 era de apenas 600, ou seja, cresceu 338,5%[33]. Em 2013 o número foi ainda mais alto, fechando com 2.073 redes de franquia.

Em suma, os sistemas de franquia vêm apresentando um excelente desempenho por todo o mundo, inclusive no Brasil, razão pelo qual merece um estudo detalhado.

Apesar desse crescimento, nem toda expansão de negócio consiste em um sistema de franquia propriamente dito, razão pela qual é importante que os empresários estudem os termos do seu negócio, pois cada modalidade de contrato, ou seja, representação comercial, distribuição, prestação de serviços, entre outros, tem as suas peculiaridades. Segundo José Cretella Neto:

[30] VENOSA, Sílvio de Salvo. Direito Civil: contratos em espécie. 11ª ed. São Paulo: Atlas, 2011, p.527

[31] VENOSA, Sílvio de Salvo. Direito Civil: contratos em espécie. 11ª ed. São Paulo: Atlas, 2011, p.527

[32] CRETELLA NETO, José. Manual Jurídico do Franchising . São Paulo: Atlas, 2003, p. 28

[33] http://www.portaldo*franchising*.com.br/site/content/interna/index.asp?codA=11&codC=4&origem=sobreosetor

> Cada modalidade – distribuição, representação etc. – será mais adequado ao tipo de mercado, a características culturais, geográficas e de produto e à personalidade do interessado, ao capital de que dispõe para aplicar em seus negócios e ao número de horas por semana que poderá dedicar-se à operação. Todas as formas contratuais apresentam vantagens e desvantagens, e somente o conhecimento das principais características de cada qual permitirá tomar uma decisão consciente e racional sobre como melhor atender a determinado segmento de mercado. Existem níveis de ganhos e também riscos, inerentes aos diversos tipos de contrato, e os patamares almejados devem ser analisados cuidadosamente pelas partes antes de estabelecer a relação jurídica entre si.[34]

E não só. José Cretella Neto[35] esclarece ainda que é importante ler e entender o contrato e a legislação pertinente, afinal, a falta de conhecimento dos termos do contrato e da legislação é um dos fatores mais comuns para os desentendimentos entre os contratantes.

Provavelmente em razão desta falta de conhecimento, muitas vezes as partes, tanto franqueado como franqueador, não conseguem demonstrar a culpa da outra parte nos casos de rompimento do contrato, sendo os seus pleitos julgamentos improcedentes pelo judiciário[36].

[34] CRETELLA NETO, José. Manual Jurídico do Franchising. São Paulo: Atlas, 2003, p. 55

[35] CRETELLA NETO, José. Manual Jurídico do Franchising. São Paulo: Atlas, 2003, p. 55

[36] "DIREITO PRIVADO NÃO ESPECIFICADO. AÇÃO ORDINÁRIA DE RESCISÃO CONTRATUAL CUMULADA COM RESSARCIMENTO DE VALORES DECORRENTES DE PERDAS E DANOS. CONTRATO DE FRANQUIA. Ausente prova a demonstrar a culpa da franqueadora, inviável a sua condenação ao pagamento da indenização pleiteada. APELAÇÃO IMPROVIDA". (BRASIL. Tribunal de Justiça do Rio Grande do Sul. Apelação Cível Nº 70014542286, Décima Nona Câmara Cível, Tribunal de Justiça do RS, Relator: José Francisco Pellegrini, Julgado em 27/03/2007)
"DIREITO PRIVADO NÃO ESPECIFICADO. CONTRATO DE FRANQUIA. AÇÃO ORDINÁRIA DE RESCISÃO CONTRATUAL COM PEDIDO DE INDENIZAÇÃO POR PERDAS E DANOS. RECONVENÇÃO. Ausente prova a demonstrar a culpa dos contratantes pelo rompimento do pacto de franquia, descabida se revela a sua condenação ao pagamento de indenização. APELAÇÃO IMPROVIDA". (BRASIL. Tribunal de Justiça do Rio Grande do Sul. Apelação Cível Nº 70008090359, Décima Nona Câmara Cível, Tribunal de Justiça do RS, Relator: José Francisco Pellegrini, Julgado em 26/07/2005)
"APELAÇÃO. RESCISÃO DE CONTRATO DE FRANQUIA EMPRESARIAL. PERDAS E DANOS. RECONVENÇÃO DE COBRANÇA. DESCUMPRIMENTO CONTRATUAL

Os Magistrados integrantes da Décima Nona Câmara Cível do Tribunal de Justiça do Estado do Rio Grande do Sul, por exemplo, por unanimidade, negaram provimento ao apelo do franqueado na Apelação Cível nº 70008090359, por entenderem que não houve infração ao contrato. Segundo os desembargadores:

> O que interessa enfatizar, como já referi, é que não houve uma grave infração contratual por qualquer das partes a justificar a condenação de uma ao pagamento de indenização à outra. Não há como determinar a quem cabe a culpa pelo rompimento. O ingresso da demanda não justifica, por si só, a intenção única por parte da autora em ver rompido o pacto, como quer fazer crer a recorrente. O ingresso da ação deu-se em virtude do não-cumprimento, por parte da franqueada, de obrigações a que se dispusera quando da firmatura do contrato. Repito que tais desacordos não são relevantes a ensejar qualquer indenização.

E não é só. Esta mesma Câmara, ao analisar a apelação Cível nº 70014542286, enfatizou o seguinte:

> O que interessa enfatizar é que não houve a comprovação de qualquer infração contratual por iniciativa da franqueadora a justificar a sua condenação ao pagamento da indenização pleiteada, repito. A falta de treinamento e supervisão, alegados como motivo para o insucesso do investimento, não podem ser considerados para fins de comprometimento do trabalho desenvolvido pela franqueada. Em

DA FRANQUEADORA NÃO EVIDENCIADO. O contrato de franquia é negócio de risco, mediante o qual há um investimento pelo franqueado visando à expectativa de lucro, com base nas projeções de mercado, cabendo-lhe gerir de forma responsável o empreendimento, para que não resulte com prejuízo. Do contexto probatório exsurge que a sócia-gerente da franqueada, ex-funcionária da CRT, não detinha qualquer experiência empresarial ou mesmo conhecimento suficiente para administrar o negócio, na área de franquias. E, segundo a prova documental e testemunhal, não houve descumprimento contratual de parte da franqueadora, ora ré, pois prestara o suporte de assessoramento administrativo, financeiro e de marketing, nos termos contratados. Atribuível à autora franqueada a responsabilidade pelo insucesso do negócio e conseqüente rescisão contratual. Apelo da autora improvido". (BRASIL. Tribunal de Justiça do Rio Grande do Sul. Apelação Cível Nº 70017167628, Décima Segunda Câmara Cível, Tribunal de Justiça do RS, Relator: Orlando Hermann Júnior, Julgado em 12/04/2007).

primeiro lugar, pela ausência de provas, como já referido; depois, observa-se que o 'Contrato de Franquia Empresarial' foi celebrado em 21 de dezembro de 1998 (fl. 43), e somente decorrido cerca de um ano é que as partes deram início à troca de correspondências demonstrando insatisfação. E a presente ação somente foi iniciada no final do ano de 2001. Assim, em face do tempo decorrido, não vejo condições de atribuir o comprometimento do empreendimento às atitudes da franqueadora, aqui apelada.

Essas decisões devem ser analisadas atentamente, pois infelizmente muitos franqueados entram nos negócios, sem tomar as cautelas necessárias para o início da contratação, e depois, arrependidos de ingressar no sistema de franquia, independentemente do que os tenham levado a isso, tentam imputar à franqueadora a culpa pela rescisão.

É importante, ainda, que o franqueado entenda também que é impossível a franqueadora assumir uma obrigação de resultado – sucesso do negócio franqueado – vez que, além disso não depender exclusivamente desta, o negócio é gerido pelo próprio franqueado.

Nesse sentido, confira-se a orientação da doutrina sobre o tema:

(...) a franquia não suprime a autonomia da pessoa jurídica da empresa, que se propõe a funcionar em prol da divulgação e distribuição dos bens ou serviços de outra, fazendo estampar em seu estabelecimento e em tudo o que comercializa a marca que à franqueadora pertence. Mas é evidente que a relação entre estas se faz marcar pelo signo da dependência econômica, de tal forma que o objeto de mercancia da franqueada e toda sua atividade empresarial se mantém no pressuposto da permanência e da regular execução do contrato de franquia empresarial. (...) É em razão justamente da redução de seus custos e riscos que ele se propõe a transferir a terceiros o seu Know How, e parte dos proveitos que a comercialização de seus produtos e a utilização de sua marca são capazes de oferecer. Franqueado e franqueador são, ambos, profissionais do comércio que conservam a autonomia jurídica e administrativa e que correm os riscos próprios da atividade que desenvolvem.[37]

[37] DE MELLO, Adriana Mandim Theodoro. Franquia Empresarial: responsabilidade civil na extinção do contrato. Ed. Forense, Rio de Janeiro, 2001, p. 88-90-176

4. DISPOSIÇÕES PREVISTAS NA LEI DE FRANQUIA

Adalberto Simão Filho[38] explica que houve dois projetos de lei apresentados com o fim de regulamentar o *franchising*, o projeto de lei nº 1.526 de 1989 e o projeto de lei nº 318/91, sendo esse segundo mais aperfeiçoado e sintonizado com a realidade do *franchising*, tendo a lei aprovada sido calcada neste projeto.

Somente no ano de 1994 foi aprovada e sancionada a Lei 8.955, que regulamenta o sistema de franquia no Brasil.

A lei de franquia tem por objetivo disciplinar a formação do contrato de franquia. Segundo Fábio Ulhoa Coelho "Trata-se de diploma legal do gênero denominado *disclosure statute* pelo direito norte-americano. Ou seja, encerra normas que não regulamentam propriamente o conteúdo de determinada relação jurídico-contratual, mas apenas impõem o dever de transparência nessa relação."[39].

Trata-se de uma lei que contém apenas 11 artigos, e que trata principalmente da Circular de Oferta de Franquia, que é o documento que o franqueador deve entregar aos interessados em ingressar no sistema, contendo informações sobre o Sistema de Franquia. De toda forma, citaremos cada um dos artigos nesse trabalho.

[38] SIMÃO FILHO, Adalberto, Franchising: aspectos jurídicos e contratuais. 2ª ed. – São Paulo: Atlas, 1997, p.87 a 90

[39] COELHO, Fábio Ulhoa. Considerações sobre a lei da franquia. Revista da Associação Brasileira de Propriedade Intelectual - ABPI, Rio de Janeiro, n. 16, p. 15-21, maio/jun. 1995, p.15 e 16

O artigo 1º da referida lei esclarece que os contratos de franquia são disciplinados por esta lei.

> Art. 1º Os contratos de franquia empresarial são disciplinados por esta lei.

O artigo 2º traz a definição de franquia empresarial.

> Art. 2º Franquia empresarial é o sistema pelo qual um franqueador cede ao franqueado o direito de uso de marca ou patente, associado ao direito de distribuição exclusiva ou semi-exclusiva de produtos ou serviços e, eventualmente, também ao direito de uso de tecnologia de implantação e administração de negócio ou sistema operacional desenvolvidos ou detidos pelo franqueador, mediante remuneração direta ou indireta, sem que, no entanto, fique caracterizado vínculo empregatício.

Segundo Adalberto Simão Filho:

> Ao conceituar o instituto de *franchising*, o legislador optou, acertadamente, ao nosso ver, não por apresentá-lo como um simples contrato, como mencionado no art. 1º da Lei em estudo, mas como verdadeiro e absoluto sistema de franquia empresarial.
>
> (...) quando o legislador define a franquia empresarial como um sistema em que o franqueador cede ao franqueado o direito de uso de marca ou patente, associado ao direito de distribuição exclusiva ou semi-exclusiva de produtos ou serviços, poderia acreditar-se que a simples operação de licenciamento de uso de marcas prevista no art. 139 da Lei nº 9.279, de 14-5-1996 (nova lei de patentes), ou utilização de patente prevista no art. 61 da mesma lei, já poderia ser desenvolvida como operação de *franchising*.
>
> Nota-se, assim, que a cessão parcial de direito de uso de marca ou patente, para efeitos da operação de *franchising* é apenas um dos elementos deste sistema, que deverá ser mais completo. Esta afir-

mativa se faz quando, nos itens da Circular de Oferta de Franquia, o legislador apresenta uma infinidade de elementos possíveis a integrarem este sistema em que, ao se conjugarem, darão a noção exata de uma operação de franquia empresarial.

Estas observações são pertinentes na medida em que o legislador, ao associar à cessão de uso de marcas ou patentes os direitos de uso de tecnologia de implantação e administração de negócios ou sistema operacional desenvolvido ou detidos pelo franqueador, o fez em caráter eventual, dando margem à crença de que a simples cessão de Marca ou patente com fins de distribuição de produtos ou serviços já seria uma operação de *franchising*.

Muitos dos componentes deste sistema não fazem parte do conceito, mas são características próprias do instituto em questão (...)

Sistemas de *franchising* bem desenvolvidos possuem em seu corpo não só a mera cessão ou licença do uso de marcas ou patentes, mas também assistência técnica constante e permanente, em todos os níveis operacionais, para que o franqueado possa explorar seu negócio de forma plena, além de itens básicos relativos a formatação completa do negócio e cessão do know-how e tecnologia necessárias para tal.[40]

Na definição da franquia empresarial notam-se alguns termos que merecem destaque, quais sejam:

i. Direito de uso de marca ou patente, afinal, a utilização da marca por parte do franqueado é condição *sine qua non* para existência do contrato.
ii. Direito de distribuição exclusiva ou semi-exclusiva de produtos ou serviços, afinal, pressupõe-se a venda de produtos ou a prestação de serviços.

[40] SIMÃO FILHO, Adalberto, Franchising: aspectos jurídicos e contratuais. 2ª ed. – São Paulo: Atlas, 1997, p.93

iii. Direito de uso de tecnologia de implantação e administração de negócio ou sistema operacional desenvolvidos ou detidos pelo franqueador, afinal, normalmente o franqueador presta assistência à sua rede e transmite *know how*, para que haja uma padronização de todas as lojas.
iv. Remuneração direta ou indireta, afinal, existe uma contraprestação pela autorização de uso da marca e transferência do *know how*.
v. Sem que fique caracterizado vínculo empregatício, afinal, existe uma autonomia entre as partes, sendo o franqueado um empresário e não um empregado.

Silvio de Salvo Venosa esclarece que "O conceito legal permite gradações na cessão de estrutura feita pelo cedente ao cessionário, incluindo-se tanto a franquia simples, como a franquia dita formatada."[41].

Este autor segue esclarecendo que:

> A franquia pode estabelecer a produção de bens pelo franqueador ou por terceiros autorizados, com sua entrega ao franqueado, ou então a produção pelo próprio franqueado com a supervisão do franqueador. A riqueza de detalhes, pois admitem-se várias nuanças, fica por conta do caso concreto: a matéria-prima para a produção pode ser cedida pelo franqueador ou somente ser adquirida de fornecedores autorizados por ele; pode haver limite temporal de atuação do franqueado, com ou sem exclusividade etc. A qualidade na prestação dos serviços e dos produtos é o maior incentivo para o consumidor final, que se vê atraído por toda a estrutura de cada estabelecimento. Toda a atividade negocial moderna está invadida pelo *franchising*: revenda de veículos, distribuidoras de derivados do petróleo, cursos de língua e formação profissional, cursinhos preparatórios a vestibulares, refeições, lanchonetes, restaurantes, comestíveis, aluguel de veículos, perfumes, cosméticos, roupas, assistência médica etc. Como vemos, toda atividade empresarial que forneça produtos e serviços presta-se à franquia e com ela ganha dinamização. Ponto primordial do instituto é permitir a sociabilização de

[41] VENOSA, Sílvio de Salvo. Direito Civil: contratos em espécie. 11ª ed. São Paulo: Atlas, 2011, p.523

uma estrutura empresarial que seria impossível, se relegada exclusivamente a seu criador. Consequencia importante do contrato é permitir a livre iniciativa em grande escala, gerando atividade negocial e circulação de riquezas, paralelamente à permanência e solidificação de grandes corporações.[42]

O artigo 3° esclarece a obrigatoriedade da entrega da Circular de Oferta de Franquia, indicando as informações que devem estar presentes nesse documento.

Art. 3º Sempre que o franqueador tiver interesse na implantação de sistema de franquia empresarial, deverá fornecer ao interessado em tornar-se franqueado uma circular de oferta de franquia, por escrito e em linguagem clara e acessível, contendo obrigatoriamente as seguintes informações:
I - histórico resumido, forma societária e nome completo ou razão social do franqueador e de todas as empresas a que esteja diretamente ligado, bem como os respectivos nomes de fantasia e endereços;
II - balanços e demonstrações financeiras da empresa franqueadora relativos aos dois últimos exercícios;
III - indicação precisa de todas as pendências judiciais em que estejam envolvidos o franqueador, as empresas controladoras e titulares de marcas, patentes e direitos autorais relativos à operação, e seus subfranqueadores, questionando especificamente o sistema da franquia ou que possam diretamente vir a impossibilitar o funcionamento da franquia;
IV - descrição detalhada da franquia, descrição geral do negócio e das atividades que serão desempenhadas pelo franqueado;
V - perfil do franqueado ideal no que se refere a experiência anterior, nível de escolaridade e outras características que deve ter, obrigatória ou preferencialmente;
VI - requisitos quanto ao envolvimento direto do franqueado na operação e na administração do negócio;

[42] VENOSA, Sílvio de Salvo. Direito Civil: contratos em espécie. 11ª ed. São Paulo: Atlas, 2011, p.523 e 524

VII - especificações quanto ao:

a) total estimado do investimento inicial necessário à aquisição, implantação e entrada em operação da franquia;

b) valor da taxa inicial de filiação ou taxa de franquia e de caução; e

c) valor estimado das instalações, equipamentos e do estoque inicial e suas condições de pagamento;

VIII - informações claras quanto a taxas periódicas e outros valores a serem pagos pelo franqueado ao franqueador ou a terceiros por este indicados, detalhando as respectivas bases de cálculo e o que as mesmas remuneram ou o fim a que se destinam, indicando, especificamente, o seguinte:

a) remuneração periódica pelo uso do sistema, da marca ou em troca dos serviços efetivamente prestados pelo franqueador ao franqueado (royalties);

b) aluguel de equipamentos ou ponto comercial;

c) taxa de publicidade ou semelhante;

d) seguro mínimo; e

e) outros valores devidos ao franqueador ou a terceiros que a ele sejam ligados;

IX - relação completa de todos os franqueados, subfranqueados e subfranqueadores da rede, bem como dos que se desligaram nos últimos doze meses, com nome, endereço e telefone;

X - em relação ao território, deve ser especificado o seguinte:

a) se é garantida ao franqueado exclusividade ou preferência sobre determinado território de atuação e, caso positivo, em que condições o faz; e

b) possibilidade de o franqueado realizar vendas ou prestar serviços fora de seu território ou realizar exportações;

XI - informações claras e detalhadas quanto à obrigação do franqueado de adquirir quaisquer bens, serviços ou insumos necessários à implantação, operação ou administração de sua franquia, apenas de fornecedores indicados e aprovados pelo franqueador, oferecendo ao franqueado relação completa desses fornecedores;

XII - indicação do que é efetivamente oferecido ao franqueado pelo franqueador, no que se refere a:

a) supervisão de rede;

b) serviços de orientação e outros prestados ao franqueado;
c) treinamento do franqueado, especificando duração, conteúdo e custos;
d) treinamento dos funcionários do franqueado;
e) manuais de franquia;
f) auxílio na análise e escolha do ponto onde será instalada a franquia; e
g) layout e padrões arquitetônicos nas instalações do franqueado;

XIII - situação perante o Instituto Nacional de Propriedade Industrial - (INPI) das marcas ou patentes cujo uso estará sendo autorizado pelo franqueador;

XIV - situação do franqueado, após a expiração do contrato de franquia, em relação a:
a) know how ou segredo de indústria a que venha a ter acesso em função da franquia; e
b) implantação de atividade concorrente da atividade do franqueador;

XV - modelo do contrato-padrão e, se for o caso, também do pré-contrato-padrão de franquia adotado pelo franqueador, com texto completo, inclusive dos respectivos anexos e prazo de validade.

Nelson Abraão destaca que o dispositivo "visa a dar maior transparência ao contrato de franquia empresarial"[43].

Adalberto Simão Filho adiciona que:

> Não resta dúvida de que a previsão da Circular de Oferta de Franquia na lei é o grande marco da legislação, quer porque dá a transparência necessária ao negócio, reduzindo a possibilidade de o franqueado/consumidor do pacote ser eventualmente lesado em seus direitos, por ausência de informações claras e precisas a respeito do negócio e por disparidade entre o negócio adquirido e o efetivamente operado, quer porque delineia o sistema de franquia empresarial, de forma que o interprete possa melhor averiguar o

[43] ABRÃO, Nelson. *in op. cit.* p.29

caso concreto, investigando a natureza jurídica da relação entabulada, como já mencionado anteriormente, e suas consequências.[44]

Esse mesmo autor adiciona que:

> O documento se faz tão importante que, se não encaminhado ao franqueado no prazo mínimo de 10 dias antes da assinatura do contrato ou do recebimento de qualquer taxa, poderá ser o contrato anulado com a possibilidade de restituição de valores pagos e eventuais perdas e danos (art. 4º) .[45]

O artigo 4º esclarece o prazo para a entrega da Circular de Oferta de Franquia, esclarecendo que o seu descumprimento pode acarretar na anulação do contrato e obrigação da franqueadora devolver os valores pagos pelo franqueado.

> Art. 4º A circular oferta de franquia deverá ser entregue ao candidato a franqueado no mínimo 10 (dez) dias antes da assinatura do contrato ou pré-contrato de franquia ou ainda do pagamento de qualquer tipo de taxa pelo franqueado ao franqueador ou a empresa ou pessoa ligada a este.
>
> Parágrafo único. Na hipótese do não cumprimento do disposto no caput deste artigo, o franqueado poderá arguir a anulabilidade do contrato e exigir devolução de todas as quantias que já houver pago ao franqueador ou a terceiros por ele indicados, a título de taxa de filiação e royalties, devidamente corrigidas, pela variação da remuneração básica dos depósitos de poupança mais perdas e danos.

A obrigatoriedade da entrega da Circular de Oferta de Franquia foi um marco trazido pela lei de franquia Brasileira, garantindo ao franqueado uma maior transparência antes da contratação. A sua importância é tamanha já que garante ao franqueado o direito de anular o contrato, caso a

[44] SIMÃO FILHO, Adalberto, Franchising: aspectos jurídicos e contratuais. 2ª ed. – São Paulo: Atlas, 1997, p.97

[45] SIMÃO FILHO, Adalberto, Franchising: aspectos jurídicos e contratuais. 2ª ed. – São Paulo: Atlas, 1997, p.97

Circular de Oferta não seja entregue com a antecedência legal, ou caso haja informações falsas.

Diante do exposto na lei de franquia, e ainda da possibilidade de anulação do contrato, é importante destacar os requisitos de validade dos negócios jurídicos, conforme dispõe o art. 104 do Código Civil:

> Art. 104 – A validade do negócio jurídico requer:
> I – agente capaz
> II – objeto lícito, possível, determinado ou determinável;
> III – forma prescrita ou não defesa em lei.

A forma, conquanto inserida entre os requisitos de validade, só é exigível quando a lei a estabelecer. Cumpre trazer à baila os ensinamentos de Caio Mario da Silva Pereira: "Exprime-se o principio hoje vigente, afirmando-se a liberdade da manifestação da vontade, o qual só excepcionalmente é postergado, e, então, quando a lei exige a sujeição a determinada forma, as partes não tem o direito de convencionar forma diversa"[46].

E por estar previsto expressamente na lei que o contrato pode ser anulado se não houver a entrega da circular de oferta de franquia, nos termos dispostos no artigo 4º da lei, é que a jurisprudência tem admitido a anulação do contrato.

O Desembargador Vasquez Cruxên, da 3ª Turma Cível do Tribunal de Justiça do Distrito Federal e Territórios, dispôs em seu voto à apelação 2000 01 1 063625-4[47], que o conhecimento sobre o contrato de franquia

[46] PEREIRA, Caio Mario da Silva. Instruções de direito civil. 19ª ed. Rio de Janeiro, Forense, 2000, v. I, pag.311

[47] AÇÃO DE RESCISÃO DE CONTRATO DE FRANQUIA COM PERDAS E DANOS MATERIAIS E MORAIS.
1- AGRAVO RETIDO. CERCEAMENTO DE DEFESA. PRODUÇÃO DE PROVAS. Se a questão de mérito tratada nos autos não necessita de produção de provas em audiência (art. 330, I, CPC), obrigatório é o julgamento antecipado. Cerceamento de defesa não caracterizado.
2- MÉRITO: CIRCULAR DE OFERTA DE FRANQUIA ENTREGUE FORA DO PRAZO. LEI Nº. 8955/94. Prescreve a Lei nº. 8955/94, em seu art. 4º, que a circular de oferta de franquia deve ser entregue ao candidato franqueado no prazo máximo de 10 dias antes da assinatura do contrato ou pré-contrato de franquia, sob pena de ser anulado o contrato e ser o franqueador obrigado a devolver todas as quantias que já houver sido pago pela outra parte.

não invalida a obrigação legal da entrega da Circular de Oferta de Franquia com a antecedência mínima de 10 dias:

> Trata-se de um contrato de franquia, disciplinado pela Lei nº. 8.955 de 1994. É cristalina a imposição legal de que circular de oferta de franquia deve ser entregue ao candidato franqueado no mínimo 10 dias antes da assinatura do contrato ou pré contrato de franquia, in verbis:
>
> 'Art. 4º - A circular oferta de franquia deverá ser entregue ao candidato a franqueado no mínimo 10 (dez) dias antes da assinatura do contrato ou pré-contrato de franquia ou ainda do pagamento de qualquer tipo de taxa pelo franqueado ao franqueador ou a empresa ou pessoa ligada a este.
>
> Parágrafo único - Na hipótese do não cumprimento do disposto no caput deste artigo, o franqueado poderá argüir a anulabilidade do contrato e exigir devolução de todas as quantias que já houver pago ao franqueador ou a terceiros por ele indicados, a título de taxa de filiação e royalties, devidamente corrigidas, pela variação da remuneração básica dos depósitos de poupança mais perdas e danos.'
>
> Fato é que restou patente a inobservância do prazo legal. Os réus, inclusive, não refutaram tal posicionamento, apenas alegaram ser indevida a anulação do contrato posto que as candidatas à franqueadas já conheciam dos termos do contrato.
>
> O conhecimento ou não dos termos do contrato de franquia não invalida a letra da lei que traz em seu parágrafo único a conseqüên-

O conhecimento dos termos do contrato de franquia não invalida a letra da lei que determina as conseqüências para o descumprimento do disposto em suas cláusulas.
3- DANO MATERIAL E DANO MORAL NÃO CONFIGURADO. Se os danos materiais decorreram do insucesso da comercialização dos produtos, os encargos seriam materializados mesmo que não ocorresse a anulação do contrato, não havendo, portanto, nexo de causalidade entre a conduta do franqueador e os danos materiais alegados pelo autor. Não se há falar em dano moral, eis que não restou demonstrada a ocorrência de ofensa à honra objetiva, pressuposto necessário para que seja devida a indenização.
4- HONORÁRIOS ADVOCATÍCIOS. Impõe-se sua manutenção quando verificado que obedeceram aos parâmetros legais, além de observarem a razoabilidade.
5- Recursos improvidos.(BRASIL. Tribunal de Justiça do Distrito Federal. 20000110636254APC, Relator VASQUEZ CRUXÊN, 3ª Turma Cível, TJ DF, julgado em 28/05/2008, DJ 15/07/2008 p. 26)

cia cabal para o descumprimento do disposto no caput. Os documentos de fls. 51/59 circular de oferta de franquia foram assinados na mesma data do contrato de franquia à fls. 60/65, ato que desencadeia as conseqüências inscritas no parágrafo único do art. 4º da Lei nº. 8.955/64, ou seja, a nulidade do contrato e demais imposições legais. Nestes termos é o entendimento deste E. Tribunal, como se verifica do acórdão abaixo:

'Classe do Processo : APELAÇÃO CÍVEL APC5308999 DF; Registro do Acórdão Número: 126757; Data de Julgamento: 17/04/2000; Órgão Julgador: 1ª Turma Cível; Relatora Vera Andrighi; Publicação no DJU: 14-6-2000; Pág.: 22 (até 31-12-1993 na Seção 2, a partir de 01-1-1994 na Seção 3) Ementa: DIREITO COMERCIAL. CONTRATO DE FRANQUIA. INVALIDADE DO CONTRATO. ENTREGA DA CIRCULAR DE OFERTA DE FRANQUIA. É INVÁLIDO O CONTRATO QUANDO NÃO OBSERVADO O DECÊNDIO PARA ENTREGA DA CIRCULAR DE OFERTA DE FRANQUIA AO FRANQUEADO. LEI Nº. 8.955/94, PARÁGRAFO ÚNICO DO ART. 4O . RECURSO IMPROVIDO. Decisão: CONHECER E IMPROVER. UNÂNIME.

Ressalto que conforme consta nos autos foram as rés que rescindiram o contrato por meio de notificação do 1º Ofício de Notas de Brasília.

Referente aos pedidos, decorrem do contrato de franquia, royalties e encargos as notas promissórias e duplicatas emitidas contra as autoras, sendo estas nulas assim como o contrato que as originou. Na forma da lei é devida a devolução dos royalties, taxas de filiação e quantias pagas ao franqueador ou a terceiros por este indicados.

Com relação aos danos materiais, estes decorreram do insucesso da comercialização dos produtos, inclusive trazem os autos provas de que antes mesmo da resolução do contrato a autora já enfrentava dificuldades de vendas e administração. Os encargos com rescisão contratual de empregados, locações, multas e projeção de faturamento seriam materializados mesmo que da não anulação do contrato ou até mesmo antes da anulação. Trata-se de matéria de direito, e a simples alegação de gastos em decorrência de uma contratação, não concretiza o gasto, muito menos os comprova ou gera dever de indenizar. Ainda que se considere que a nulidade do contrato se deu

> por culpa dos réus, que procederam indevidamente com a contratação não observando o prazo, não verifico o nexo de causalidade entre conduta ilícita dos réus e os danos materiais vivenciados pelo autor.
> Não vislumbro o dano moral alegado, pois para que seja devida a indenização destes é necessário que seja o vexame, a dor e a humilhação causados excedente ao normal relacionamento de partes contratantes."""

E nesse mesmo sentido seguem outras decisões[48].

Os Desembargadores integrantes da Nona Câmara Cível do Tribunal de Justiça do Estado, por maioria, vencida a Relatora, acordaram em dar provimento ao apelo do Franqueado na apelação nº 70002967800.

[48] *E*menta: APELAÇÕES CÍVEIS. DIREITO PRIVADO NÃO-ESPECIFICADO. CONTRATO DE FRANQUIA. INADIMPLEMENTO. DESCUMPRIMENTO DA OBRIGAÇÃO LEGAL DE PRÉVIA INFORMAÇÃO POR MEIO DE CIRCULAR DE OFERTA. ANULAÇÃO DO CONTRATO. Descumprindo a empresa franqueadora sua obrigação legal de prévia informação das condições do negócio mediante circular de oferta de franquia (arts. 3º e 4º da Lei nº 8.955/94), cabível a anulação do negócio, afastando-se, pois, a condenação da demandada ao pagamento de quantias ajustadas no pacto tido por inválido. APELO DA RÉ PROVIDO, PREJUDICADO O RECURSO DA AUTORA. VOTO VENCIDO. (BRASIL. Tribunal de Justiça do Rio Grande do Sul. Apelação Cível Nº 70002967800, Nona Câmara Cível, Tribunal de Justiça do RS, Relator: Adão Sérgio do Nascimento Cassiano, Julgado em 13/10/2004)
FRANQUIA. Assinatura de pré-contrato. Pedido de restituição da quantia entregue à franqueadora (R$ 7.000,00). Recusa à devolução da importância ao candidato a franqueado, com fundamento em cláusula do instrumento, que não previa o ressarcimento. Importância que se destinava a reembolsar a "franqueadora das despesas iniciais por ela suportadas com treinamento, orientação, reuniões e providências preliminares para a concessão da franquia". CÓDIGO DE DEFESA DO CONSUMIDOR. Inaplicabilidade. Relação de insumo e não de consumo. Relacionamento entre dois empresários. DESCUMPRIMENTO DA LEI N° 8.655/94. Questão de ordem pública. Necessidade de se subsumir aos dispositivos da referida lei, sob pena de a avença vir a ser rescindida por culpa do pré-franqueador. Desobediência ao art. 4o, pelo pré-franqueador. A entrega da Circular de Oferta de Franquia ao franqueado, sem a observância da antecedência mínima de dez dias à assinatura do contrato, ou a qualquer pagamento, invalidade o contrato. Sentença reformada. Ação procedente. Condenação da ré a restituir o autor a quantia pleiteada, com atualização e juros de mora. SUCUMBÊNCIA. Vencida, arcará a ré com as custas e honorários advocatícios de 15% da condenação. RECURSO PROVIDO (BRASIL. Tribunal de Justiça de São Paulo. Apelação Cível Nº 9185388-81.2004.8.26.0000, 18ª Câmara de Direito Privado, Tribunal de Justiça do SP, Relator: Jurandir de Sousa Oliveira, Julgado em 29/4/2008)

Com a mais respeitosa vênia do posicionamento adotado pela eminente Relatora, estou em julgar improcedente a presente ação, e o faço em razão do entendimento de que, de fato, não foram cumpridas, pela autora, as disposições do art. 3º da Lei nº 8.955/94 e, em particular, a questão do art. 4º, parágrafo único, em que está previsto especificamente que deve haver a circular de oferta de franquia, situação que em nenhum momento foi provada nos autos, no sentido de que a autora teria, efetivamente, a passado à demandada - e esse é o ponto nodal da defesa da requerida.

Com efeito, o parágrafo único do art. 4º dispõe:

"Art. 4º A circular oferta de franquia deverá ser entregue ao candidato a franqueado no mínimo 10 (dez) dias antes da assinatura do contrato ou pré-contrato de franquia ou ainda do pagamento de qualquer tipo de taxa pelo franqueado ao franqueador ou a empresa ou pessoa ligada a este.

Parágrafo único. Na hipótese do não cumprimento do disposto no caput deste artigo, o franqueado poderá argüir a anulabilidade do contrato e exigir devolução de todas as quantias que já houver pago ao franqueador ou a terceiros por ele indicados, a título de taxa de filiação e royalties, devidamente corrigidas, pela variação da remuneração básica dos depósitos de poupança mais perdas e danos." (g.n.)

Tenho que esse parágrafo se dirige, a toda evidência, para o contrato, após a sua feitura, tanto que trata, modo expresso, da anulabilidade. Por isso que, se há a anulabilidade, só pode se referir ao pacto depois de feito, conformado e ajustado, sendo que, descumpridas essas disposições legais referidas no caput do dispositivo, o ajuste pode ser anulado.

Afinal, in casu, a demandada acabou 'aceitando' um negócio de que não tinha inteiro conhecimento, ao contrário da franqueadora, cuja obrigação legal (arts. 3º e 4º da Lei nº 8.955/94) é a de, justamente, proporcionar este conhecimento ao candidato a franqueado, sendo certo que, conhecendo as circunstâncias do pacto oferecido pela demandante, como condições de propaganda, infra-estrutura necessária, etc., muito provavelmente a empresa-ré não teria aceitado o ajuste ou, se o tivesse feito, não o seria nas condições contratadas.

Portanto, dou provimento ao apelo da demandada, para afastar a condenação imposta pela r. sentença, restando prejudicado, pois,

> o apelo da autora, que pretendia ampliar a condenação que ora vai afastada.
>
> (...)
>
> De fato, o prévio conhecimento pessoal das pessoas físicas envolvidas que, como referido na sentença, deu um certo cunho de informalidade na pré-contratação, não exime, nos termos da lei, a apresentação formal da oferta, explicitando todos os itens da franquia oferecida, de molde a que o franqueado, em aceitando, tivesse inteiro conhecimento do negócio entabulado e das perspectivas de lucratividade a médio e longo prazo.
>
> E quando a lei fala na penalização pela ausência de requisito formal consistente na prévia oferta – formal – através de circular, por óbvio se dirige já ao contrato que veio a ser pactuado, tanto que prevê como penalização a devolução de todos os aportes financeiros que tenham sido efetivados não apenas ao franqueador, mas também a terceiros.
>
> E no caso dos autos, é admitida a inexistência da chamada circular, que informaria todos os dados da contratação, nos termos que exige a lei 8.955/94.
>
> Por esses colocações, adiro ao voto do eminente Revisor, dando provimento ao apelo da ré, franqueada, e julgando prejudicado o apelo da parte autora.

A Desembargadora Relatora Mara Larsen Chechi, vencida neste acórdão, destacou que uma vez aperfeiçoado o negócio, a assinatura das partes faz presumir que aceitaram as cláusulas estabelecidas, obrigando-se mutuamente.

> E, consoante o art. 4º, "A circular oferta de franquia deverá ser entregue ao candidato a franqueado no mínimo 10 (dez) dias antes da assinatura do contrato ou pré-contrato de franquia ou ainda do pagamento de qualquer tipo de taxa pelo franqueado ao franqueador ou a empresa ou pessoa ligada a este. Parágrafo único. Na hipótese do não cumprimento do disposto no caput deste artigo, o franqueado poderá argüir a anulabilidade do contrato e exigir devolução de todas as quantias que já houver pago ao franqueador ou a terceiros por ele indicados, a título de taxa de filiação e royalties, devidamente

> corrigidas, pela variação da remuneração básica dos depósitos de poupança mais perdas e danos".
>
> Cuida-se, como visto, de obrigação pré-contratual, oponível, como causa legítima de recusa ao consentimento, ou como causa de invalidade do negócio.
>
> No primeiro caso, impede a celebração do contrato, e, no segundo, a sua execução.
>
> Uma vez aperfeiçoado o negócio, a assinatura das partes faz presumir que aceitaram as cláusulas estabelecidas, obrigando-se mutuamente, salvo se fizeram alguma ressalva, aqui não provada, sequer alegada.
>
> E com a execução, reputam-se convalidados os vícios, se houverem, não assistindo mais à parte contratante alegar a invalidade como fundamento para a rescisão, quanto menos como exceção de contrato não adimplido, para escusar-se do descumprimento de obrigações pecuniárias a que se obrigou (fls. 6-9).
>
> Tais obrigações, perfeitamente identificadas e quantificadas na inicial, não foram controvertidas pela ré.
>
> O descumprimento do ônus da impugnação específica gera presunção de veracidade, por incidência da regra do art. 302 do CPC, não verificada nenhuma das hipóteses excludentes da ficção (fato insuscetível de confissão, que depende de instrumento público ou incompatível com a defesa em seu conjunto).
>
> Admitida, como fato consumado, a resolução, e incontroverso o valor das perdas e danos, cumpre assegurar à parte lesada a reparação correspondente, em conformidade com o art. 1.092, parágrafo único, do CCB (1916), como sanção à conduta ilícita do parceiro infiel, caracterizada, no caso, pelo próprio inadimplemento (ARAKEN DE ASSIS. Resolução do contrato por inadimplemento. 4ª ed. São Paulo: RT, 2004, p.149).

Nesse mesmo sentido seguiu o Desembargador Mário-Zam Belmiro, da 3ª Turma Cível do Tribunal de Justiça do Distrito Federal e Territórios, que foi vencido em seu voto à apelação 2000 01 1 063625-4.

Segundo o magistrado, da leitura do artigo é possível perceber que o legislador pretendeu fazer com que ao franqueado tivesse a mais ampla e clara informação sobre as condições em torno do franqueador, e no caso em discussão, nota-se que as partes já mantinham relação contratual desde 1994, e a franquia objeto do questionamento só foi estabelecida em 1998, sendo razoável concluir que os franqueados não careciam, de modo decisivo, das informações constantes da Circular.

> Trazem o apelo discussão sobre contrato de franquia empresarial (Lei nº. 8.955/94) firmado entre as partes. Nesse sentido, alegam os autores que houve descumprimento ao preceito estampado no art. 4º, parágrafo único, da citada norma – que trata do prazo para que o franqueador proceda à entrega da "circular oferta de franquia"
>
> Os autores, declarando que a referida circular lhes fora "... entregue e assinada na mesma data do 'contrato de franquia e outras avenças'", buscam, sob tal argumento, a anulação do ajuste e a devolução das quantias pagas a título de royalty.
>
> Para melhor esclarecimento sobre a matéria, confira-se, a seguir, a redação contida na lei de regência, ad litteram:
>
> "Art. 4º - A circular oferta de franquia deverá ser entregue ao candidato a franqueado no mínimo 10 (dez) dias antes da assinatura do contrato ou pré-contrato de franquia ou ainda do pagamento de qualquer tipo de taxa pelo franqueado ao franqueador ou a empresa ou pessoa ligada a este.
>
> Parágrafo único - Na hipótese do não cumprimento do disposto no caput deste artigo, o franqueado poderá argüir a anulabilidade do contrato e exigir devolução de todas as quantias que já houver pago ao franqueador ou a terceiros por ele indicados, a título de taxa de filiação e royalties, devidamente corrigidas, pela variação da remuneração básica dos depósitos de poupança mais perdas e danos"
>
> É possível perceber, da leitura, que o legislador pretendeu fazer com que ao franqueado se levasse a mais ampla e clara informação sobre as condições em torno do franqueador, tais como: o histórico resumido, a forma societária, o nome completo e razão social do franqueador e de todas as empresas a que esteja diretamente ligado. Para o mesmo fim, o franqueador precisa, também, fornecer a relação completa de todos os franqueados (com nome, endereço e telefone), subfranqueados e subfranqueadores, bem como os que se desligaram da rede nos últimos 12 meses. São necessários, ainda,

os balanços e demonstrações financeiras do franqueador relativos aos dois últimos exercícios.

Em tal norte, não se mostra razoável o argumento de que a entrega da circular fora do prazo estabelecido na norma – que só foi entregue, como visto, quando da assinatura do contrato de franquia – pudesse, por si só, ter ocasionado os danos narrados pelos autores.

Isso porque as partes já mantinham relação contratual desde 1994, sendo certo que a referida franquia só foi estabelecida em 1998. Desse modo, é razoável concluir que os franqueados não careciam, de modo decisivo, das informações que, mesmo a destempo, lhes foram entregues por meio da mencionada circular.

A respeito desse ponto, confira-se o seguinte excerto doutrinário pertinentemente colacionado pelas recorrentes, *verbis*:

"A partir de quanto tempo a ausência da circular de oferta de franquia ou o desrespeito a seu prazo legal de entrega macularia o contrato perfeito e acabado? É evidente que não prevendo o legislador prazo para a tomada de posição por parte do franqueado, cada caso concreto deverá ser analisado, que em razão da forma como o franqueado foi induzido ao negócio, quer em função das cláusulas contratuais específicas e sua ruptura e das ocorrências que geraram a insatisfação do franqueado. (...)

No caso da entrega da Circular de Oferta e assinatura do contrato ou pagamento de taxas em período menos do que o prazo de dez dias, o franqueado não pode alegar desconhecimento de seu conteúdo (...).

Finalizando o pensamento, o fato de o franqueado deixar perpetuar no tempo a relação desenvolvida, sem causar efetivamente seu prejuízo pela não concessão de exatos dez dias para refletir sobre a oferta, talvez poderá depor contra si em eventual ação futura motivada por este fundamento, pois não só teve contato com todos o sistema no passar dos meses, como também efetivamente praticou ações que aparentemente demonstraram no comércio que a inobservância deste prazo não lhe foi prejudicial" (Simão, Adalberto Filho. In "*Franchising* – aspectos jurídicos e contratuais"; Editora: Atlas; p. 112)

Ressalte-se, ademais, que o artigo transcrito refere-se a "anulabilidade" e não a "nulidade", aspecto esse que permite concluir pela necessidade de cabal demonstração de que o franqueado, seja por ter tido suprimido o tempo para análise de toda a informação contida na circular, seja porque delas não tomou conhecimento, experimentou efetivo prejuízo com o desrespeito à norma perpetrado pelo franqueador.

Nesse sentido, com razão as rés franqueadoras quando assim argumentam: "... a Lei prevê 'argüir a anulabilidade' e não 'nulidade', não abrindo margens à interpretações, notadamente porque no sistema jurídico brasileiro os atos nulos encontram previsões expressas na lei não sendo conferido direito ao intérprete de fazer interpretações extensivas, sobe pena de total insegurança jurídica".

Ora, não há nos autos prova contundente no sentido de que o alegado atraso tenha sido o motivo deflagrador dos prejuízos alegados pelo autor franqueado. Ao contrário, tudo leva a crer que o infortúnio mencionado tenha sido fruto de circunstâncias vinculadas exclusivamente ao risco do negócio. Note-se que essa situação foi agravada com a constituição de outra franquia por meio da sociedade, também autora, MRV.

A ratificar tal circunstância, é de se verificar o conteúdo dos documentos constantes das fl. 125 e seguintes, no seguinte sentido, ad litteram: "Tendo em vista as dificuldades financeiras por qual tem passado as empresas MN Artigo do Vestuário e MRV Confecções Ltda., vimos por meio desta solicitar autorização para o encerramento das atividades na loja localizada no Alameda Shopping...".

Em razão de tais aspectos, é certo coligir que o alegado atraso na entrega do mencionado documento, considerando os aspectos fáticos noticiado nos autos, em nada contribuiu para o declínio empresarial noticiado pelo autor franqueado.

Malgrado tal constatação, considerando os termos do art. 515, §3º, do CPC, cabe analisar, ainda, o argumento referente ao descumprimento contratual concernente a entrega de mercadoria em montante inferior ao ajustado.

Com efeito, afirmam as autoras que a franquia ajustada, previa certo volume de mercadorias a serem a elas entregues. No entanto, não trazem os autos comprovação bastante de tal assertiva. Aliás,

> impende salientar que, em vista da natureza do contrato ajustado entre partes, era do interesse das rés a entrega da maior quantidade possível de seus produtos, haja vista que o lucro obtido por umas das partes repercute positivamente na esfera econômica da outra.
>
> Ademais, é razoável entender que, se não houve o repasse no volume pretendido pelas autoras, é porque, certamente, já estava evidenciada a situação de inadimplemento daquelas, fazendo com que as rés, por precaução, diminuíssem o número de produtos destinados às autoras.

Adalberto Simão Filho[49] também acredita que esta regra de anulabilidade do contrato é genérica e condicional, cabendo ao Poder Judiciário analisar o caso concreto no que tange ao seu alcance.

Esse sentido pode ser embasado pelo artigo 175 do Código Civil, que dispõe o seguinte:

> Art.175. A confirmação expressa, ou a execução voluntária de negócio anulável, nos termos dos arts. 172 a 174, importa a extinção de todas as ações, ou exceções, de que contra ele dispusesse o devedor.

E, nessa mesma linha, a doutrina do jurista Cláudio Vieira da Silveira:

> Jamais poderá o franqueado, decorrido certo tempo operando a franquia, pleitear a anulabilidade do contrato, com fundamento na omissão ou atraso do franqueador na entrega da Circular de Oferta de Franquia, requerendo o recebimento de todos os valores já pagos e as demais conseqüências legais advindas do disposto no § único, do art. 4º, da Lei de *Franchising.* [...] Se o franqueado passa a operar a franquia por determinado lapso de tempo, sem manifestar interesse em denunciar o contrato em razão do não-recebimento, em tempo hábil, da Circular de Oferta de Franquia, induz à conclusão de que o investimento realizado na aquisição, instalação e operação da franquia está lhe proporcionando plena satisfação, não gerando quais-

49 SIMÃO FILHO, Adalberto, Franchising: aspectos jurídicos e contratuais. 2ª ed. – São Paulo: Atlas, 1997, p.113

> quer prejuízos passíveis de questionamento e a manutenção desse silêncio por parte do franqueado, ao longo dos meses, faz extinguir a sua faculdade legal de exercer o direito de argüir a anulabilidade do contrato, não exercida dentro de um prazo razoável, subtraindo--lhe, dessa forma, os benefícios e os efeitos legais do disposto no § único, do art 4°, da lei em comento[50].

Nessa esteira, há de se considerar, ainda, o posicionamento adotado por alguns dos Tribunais de Justiça do país[51]:

[50] Silveira, Cláudio Vieira da. *Franchising.* 2ª ed. Curitiba:Furuá, 2008, p. 300

[51] E não é só, vale ainda transcrever o atual entendimento dos demais Tribunais: "APELAÇÃO CÍVEL. DIREITO PRIVADO NÃO ESPECIFICADO. AÇÃO ORDINÁRIA. 1. Não conhecido o agravo retido, na forma do artigo 523, § 1º, do CPC. 2. No caso concreto, não fornecimento da Circular de Oferta de Franquia pela Variglog à autora no momento em que assumiu a posição de franqueada não implica a anulação do pacto, inclusive em face do seu cumprimento voluntário durante significativo lapso temporal. Exegese do artigo 175 do Código Civil. 3. Ausente comprovação robusta de que os prejuízos suportados pela CD Bem tenham decorrido efetivamente de eventual descumprimento do contrato de franquia pela demandada, não há falar em fixação de verba indenizatória em seu favor. AGRAVO RETIDO NÃO CONHECIDO. APELAÇÃO DESPROVIDA." (BRASIL. Tribunal de Justiça do Rio Grande do Sul. Apelação Cível Nº 70041093147, Décima Segunda Câmara Cível, Tribunal de Justiça do RS, Relator: Mário Crespo Brum, Julgado em 17/03/2011).
"Franquia. Amor aos Pedaços. Ação de cobrança de multa por rescisão antecipada e injustificada do contrato de franquia. Embora a ré não tenha assinado o contrato de franquia, não há dúvida, diante da prova documental, de que havia celebrado um pré-contrato, em cujos "consideranda" reconheceu explicitamente que "o Promissário Franqueado declara neste ato, já ter recebido e analisado todas as informações sobre o Sistema Amor aos Pedaços de Franquia, bem como a respectiva Circular de Oferta de Franquia com as minutas do Pré-Contrato e do Contrato de Franquia padrão, concordando e aceitando com todas as informações nelas contidas, e decidindo em prosseguir o seu processo de seleção para a rede de franquia "AMOR AOS PEDAÇOS"". Hipótese, ademais, que até dispensou a produção de prova em audiência, tendo sido bastante a prova escrita documental. Não incidência do disposto no art. 401 do CPC. Sentença mantida por seus próprios e jurídicos fundamentos. Apelação não provida. (BRASIL. Tribunal de Justiça de São Paulo. Tribunal de Justiça do Estado de São Paulo – Câmara de Direito Empresarial – Apelação nº 2024203920108.26.0100 – Relator Des. Romeu Ricupero – j. 08/11/2011)
APELAÇÕES CÍVEIS - AÇÃO DE RESCISÃO DE CONTRATO DE FRANQUIA C/C COBRANÇA - UTILIZAÇÃO DA MARCA INSAT - INEXIGIBILIDADE DA CLÁUSULA PENAL PREVISTA DO CONTRATO - CIRCULAR DE OFERTA DE FRANQUIA - DISPENSA DE FORMALIZAÇÃO - AMPLA DISCUSSÃO DO NEGÓCIO - TERMO FINAL DE PAGAMENTO DOS ROYALTIES - APURADO EM LIQUIDAÇÃO DE SENTENÇA POR ARBITRAMENTO- SUCUMBÊNCIA RECÍPROCA - ARTIGO 21, CAPUT, DO CÓDIGO

(...) Depois, não há qualquer prova no sentido de que os representantes do apelante tenham sido induzidos a erro ou de que fossem pessoas simples e ignorantes a ponto de serem facilmente ludibriados (fl. 136). O alegado vício de consentimento deveria estar claramente comprovado, o que não ocorreu. Aliás, a inicial funda-se praticamente apenas na falta de entrega da circular de oferta, sem ornais desdobramentos. O contrato de franquia foi firmado de livre e espontânea vontade e por pessoas plenamente capazes, sendo que a Autora teve oportunidade de avaliar todo o negócio antes da assinatura do contrato. A alegação de falta de entrega da circular de oferta parece, na verdade, apenas um pretexto do apelante visando à anulação da franquia que, por algum motivo, não lhe é mais conveniente. Destaca-se que quando a Autora decidiu seguir com a sua operação sob a bandeira, notificou a Franqueadora alegando que estaria rescindido o contrato por inadimplemento da Franqueadora. ANTES DA PROPOSITURA DESTA AÇÃO, EM MOMENTO ALGUM FOI ALEGADA A FALTA DA ENTREGA DA COF, QUE FOI RATIFICADA COM A ASSINATURA DO CONTRATO DE FRANQUIA. (Apelação n°. 1.040.728-6, rei. Des. Thiers Fernandes Lobo, desta Corte e Apelação n°. 70019029370, rei. Des. Vicente Barroco de Vasconcellos, do TJ/RS).

Os Desembargadores integrantes da Décima Segunda Câmara Cível do Tribunal de Justiça do Estado do Rio Grande do Sul, por unanimidade negaram provimento ao apelo do franqueado na apelação nº 70041093147.

Segundo relatado pela apelante, a Variglog não disponibilizou a Circular Oferta de Franquia prevista no artigo 3º da Lei n.

DE PROCESSO CIVIL. 1. Inexistindo elementos nos autos que atribua a ré a responsabilidade pela rescisão contratual não procede o pedido de condenação ao pagamento da multa contratual. 2. "Não obstante a ausência de Circular de Oferta de Franquia possa ensejar a declaração de nulidade de contrato, no caso dos autos, restou demonstrado que pela amizade existente entre os sócios houve ampla discussão antes da formalização do contrato, com todos os esclarecimentos necessários ao desenvolvimento deste." (da MMª Juíza da causa, Douta Carmen Lucia de Azevedo e Mello, fl. 388). 3. Decaindo o autor e reconvinte de parte de seus pedidos, resta caracterizada a sucumbência recíproca, com incidência do disposto no artigo 21, caput, do Código de Processo Civil. 4. Apelações desprovidas. (BRASIL. Tribunal de Justiça do Paraná. Recurso n° 7167599PR16759-9 – 7ª Câmara Cível, Tribunal de Justiça do Estado do Paraná, Relator Des. Guilherme Luiz Gomes – J. 17/05/2011).

8955/1994, o que constitui causa de anulação do pacto, nos termos do artigo 4º, § 1º, do referido diploma legislativo.

Os referidos dispositivos legais encontram-se assim redigidos:

Art. 3º Sempre que o franqueador tiver interesse na implantação de sistema de franquia empresarial, deverá fornecer ao interessado em tornar-se franqueado uma circular de oferta de franquia, por escrito e em linguagem clara e acessível, contendo obrigatoriamente as seguintes informações:

I - histórico resumido, forma societária e nome completo ou razão social do franqueador e de todas as empresas a que esteja diretamente ligado, bem como os respectivos nomes de fantasia e endereços;

II - balanços e demonstrações financeiras da empresa franqueadora relativos aos dois últimos exercícios;

III - indicação precisa de todas as pendências judiciais em que estejam envolvidos o franqueador, as empresas controladoras e titulares de marcas, patentes e direitos autorais relativos à operação, e seus subfranqueadores, questionando especificamente o sistema da franquia ou que possam diretamente vir a impossibilitar o funcionamento da franquia;

IV - descrição detalhada da franquia, descrição geral do negócio e das atividades que serão desempenhadas pelo franqueado;

V - perfil do franqueado ideal no que se refere a experiência anterior, nível de escolaridade e outras características que deve ter, obrigatória ou preferencialmente;

VI - requisitos quanto ao envolvimento direto do franqueado na operação e na administração do negócio;

VII - especificações quanto ao:

a) total estimado do investimento inicial necessário à aquisição, implantação e entrada em operação da franquia;

b) valor da taxa inicial de filiação ou taxa de franquia e de caução; e

c) valor estimado das instalações, equipamentos e do estoque inicial e suas condições de pagamento;

VIII - informações claras quanto a taxas periódicas e outros valores a serem pagos pelo franqueado ao franqueador ou a terceiros por este indicados, detalhando as respectivas bases de cálculo e o que as mesmas remuneram ou o fim a que se destinam, indicando, especificamente, o seguinte:

a) remuneração periódica pelo uso do sistema, da marca ou em troca dos serviços efetivamente prestados pelo franqueador ao franqueado (royalties);
b) aluguel de equipamentos ou ponto comercial;
c) taxa de publicidade ou semelhante;
d) seguro mínimo; e
e) outros valores devidos ao franqueador ou a terceiros que a ele sejam ligados;

IX - relação completa de todos os franqueados, subfranqueados e subfranqueadores da rede, bem como dos que se desligaram nos últimos doze meses, com nome, endereço e telefone;

X - em relação ao território, deve ser especificado o seguinte:

a) se é garantida ao franqueado exclusividade ou preferência sobre determinado território de atuação e, caso positivo, em que condições o faz; e
b) possibilidade de o franqueado realizar vendas ou prestar serviços fora de seu território ou realizar exportações;

XI - informações claras e detalhadas quanto à obrigação do franqueado de adquirir quaisquer bens, serviços ou insumos necessários à implantação, operação ou administração de sua franquia, apenas de fornecedores indicados e aprovados pelo franqueador, oferecendo ao franqueado relação completa desses fornecedores;

XII - indicação do que é efetivamente oferecido ao franqueado pelo franqueador, no que se refere a:

a) supervisão de rede;
b) serviços de orientação e outros prestados ao franqueado;
c) treinamento do franqueado, especificando duração, conteúdo e custos;
d) treinamento dos funcionários do franqueado;
e) manuais de franquia;
f) auxílio na análise e escolha do ponto onde será instalada a franquia; e
g) layout e padrões arquitetônicos nas instalações do franqueado;

XIII - situação perante o Instituto Nacional de Propriedade Industrial - (INPI) das marcas ou patentes cujo uso estará sendo autorizado pelo franqueador;
XIV - situação do franqueado, após a expiração do contrato de franquia, em relação a:
a) know how ou segredo de indústria a que venha a ter acesso em função da franquia; e
b) implantação de atividade concorrente da atividade do franqueador;
XV - modelo do contrato-padrão e, se for o caso, também do pré-contrato-padrão de franquia adotado pelo franqueador, com texto completo, inclusive dos respectivos anexos e prazo de validade.

Art. 4º A circular oferta de franquia deverá ser entregue ao candidato a franqueado no mínimo 10 (dez) dias antes da assinatura do contrato ou pré-contrato de franquia ou ainda do pagamento de qualquer tipo de taxa pelo franqueado ao franqueador ou a empresa ou pessoa ligada a este.

Parágrafo único. Na hipótese do não cumprimento do disposto no caput deste artigo, o franqueado poderá argüir a anulabilidade do contrato e exigir devolução de todas as quantias que já houver pago ao franqueador ou a terceiros por ele indicados, a título de taxa de filiação e royalties, devidamente corrigidas, pela variação da remuneração básica dos depósitos de poupança mais perdas e danos.

A partir da leitura do artigo 3º da Lei n. 8955/1994, acima transcrito, observa-se que a finalidade de tal dispositivo é possibilitar, aos interessados em estabelecer relação comercial com a empresa franqueadora, o pleno conhecimento acerca dos requisitos para a celebração do negócio, os seus custos e as vantagens a serem auferidas, bem como as obrigações e direitos recíprocos entre os contratantes.

Por sua vez, a norma inscrita no artigo 4º estabelece sanção à empresa franqueadora caso não venha a fornecer tal documento à parte adversa, consistente na possibilidade de anulação do negócio, de modo a impeli-la a cumprir adequadamente o dever de informação que lhe compete.

Na hipótese sob comento, no entanto, não há falar em anulação do contrato de franquia celebrado entre as empresas litigantes, ainda que tenha sido demonstrado o descumprimento do disposto no artigo 4º, caput, da Lei n. 8955/1994.

Com efeito, observa-se que a CD Bem Transportes Ltda aderiu ao sistema de franquias estabelecido pela Variglog por meio de cessão de direitos firmado com a empresa Flyway Transportes Ltda em 24.04.2006 (fls. 21-23), e não por meio de oferta pública realizada pela empresa franqueadora, situação em que cumpria à cedente repassar à cessionária a Circular Oferta de Franquia que lhe havia sido entregue pela ora demandada ao início de sua relação comercial.

De outra parte, a despeito da ausência de entrega do referido documento, observa-se que o contrato de franquia foi regularmente cumprido entre as partes ora em litígio por lapso temporal considerável, inclusive tendo a autora alcançado posição de destaque entre as demais empresas franqueadas junto à Variglog, conforme se verifica dos documentos juntados às fls. 25-31 (Ranking de Vendas Domésticas das Unidades Franqueadas da Sua Região), e obtendo faturamento significativo, de acordo com os Demonstrativos de Faturamento do Franqueado de fls. 33-49, o que levou até mesmo à prorrogação do contrato de franquia em duas oportunidades (fls. 53 e 54).

Assim, verificando-se o regular cumprimento do pacto, sem qualquer objeção dos ora litigantes, por lapso temporal superior a dois anos a partir de sua celebração, não há falar, neste momento, em sua anulação, em virtude de eventual ocorrência de vício na formação da relação jurídica entre a CD Bem e a Variglog, aplicando-se à espécie o comando inscrito no artigo 175 do Código Civil:

Art. 175. A confirmação expressa, ou a execução voluntária de negócio anulável, nos termos dos arts. 172 a 174, importa a extinção de todas as ações, ou exceções, de que contra ele dispusesse o devedor.

A respeito da matéria, já se manifestou esta Corte:

AÇÃO INIBITÓRIA. AÇÃO DECLARATÓRIA E CONSTITUTIVA DE DIREITO. AÇÃO DE RESILIÇÃO CONTRATUAL. CASO CONCRETO. MATÉRIA DE FATO. INTERPRETAÇÃO DE CLÁUSULA CONTRATUAL. CIRCULAR DE OFERTA. Não foi demonstrado qualquer prejuízo com a ausência de fornecimento da Circular de Oferta, tendo a franqueada tomado efetivo conheci-

> mento das peculiaridades do negócio. O lapso temporal consolida a relação contratual, descabendo acolher o juízo de inexistência ou ruptura da franquia, medidas extremas que não se amoldam à relação sub judice. (...) Apelo desprovido. (Apelação Cível Nº 70019029370, Décima Quinta Câmara Cível, Tribunal de Justiça do RS, Relator: Vicente Barrôco de Vasconcellos, Julgado em 25/07/2007)

Segundo os magistrados o franqueado aderiu ao sistema de franquias estabelecido pela franqueadora por meio de cessão de direitos firmado com um antigo franqueado, e não por meio de oferta pública realizada pela empresa franqueadora, razão pela qual cumpria à cedente repassar à cessionária a Circular Oferta de Franquia que lhe havia sido entregue no início de sua relação comercial. Acrescentaram ainda que o contrato de franquia foi regularmente cumprido entre as partes por lapso temporal considerável, sem qualquer objeção do franqueado, por lapso temporal superior a dois anos a partir de sua celebração.

Com tudo isso, é importante que esta regra de anulabilidade do contrato, genérica e condicional, seja analisada caso a caso pelo Poder Judiciário, evitando que franqueados arrependidos se utilizem disso para se desligar do negócio, mesmo depois de assinado o contrato de franquia.

O artigo 6º da lei de franquia esclarece que o contrato de franquia deve ser sempre por escrito e assinado na presença de duas testemunhas, sendo que a sua validade independerá de registro perante cartório ou órgão público.

> Art. 6º O contrato de franquia deve ser sempre escrito e assinado na presença de 2 (duas) testemunhas e terá validade independentemente de ser levado a registro perante cartório ou órgão público.

Nelson Abrão lembra que esse dispositivo precisa ser interpretado com harmonia ao artigo 221 do Código Civil e ao artigo 401 do Código de Processo Civil [52].

Apesar de a lei dispor expressamente sobre a necessidade da presença das duas testemunhas, Adalberto Simão Filho lembra que:

[52] ABRÃO, Nelson. Op cit., p.37

> Deve-se considerar que a eventual ausência desta formalidade na assinatura do contrato não contamina a relação entabulada entre as partes, no que tange aos efeitos jurídicos entre estas, uma vez que, como já mencionado, o legislador partiu da ideia do *franchising* como um sistema a ser operado pelo franqueador e cedido ao franqueado, e não como um contrato.[53]

Este autor seguiu o seu raciocínio esclarecendo que "A existência das duas testemunhas no documento, como essenciais para a validade do ato, poderia ser, em tese, motivo para que o contrato não pudesse ser registrado em órgãos próprios como o INPI ou executado no que tange a seus valores."[54].

O artigo 7º da lei de franquia prevê que a sanção prevista no artigo 4º da mesma lei também deve ser aplicada ao franqueador que veicular informações falsas na Circular de Oferta de Franquia.

> Art. 7º A sanção prevista no parágrafo único do art. 4º desta lei aplica-se, também, ao franqueador que veicular informações falsas na sua circular de oferta de franquia, sem prejuízo das sanções penais cabíveis.

Adalberto Simão Filho esclarece ainda que as "As informações veiculadas, se falsas, gerarão também a possibilidade de anulação do contrato, com devolução dos valores pagos, perdas e danos e, ainda, eventualmente, sanções de natureza penal."[55].

O artigo 8º da lei esclarece que os dispositivos previstos nesta lei são aplicados aos sistemas de franquia instalados e operados no território nacional.

[53] SIMÃO FILHO, Adalberto, Franchising: aspectos jurídicos e contratuais. 2ª ed. – São Paulo: Atlas, 1997, p.114

[54] SIMÃO FILHO, Adalberto, Franchising: aspectos jurídicos e contratuais. 2ª ed. – São Paulo: Atlas, 1997, p.114

[55] SIMÃO FILHO, Adalberto, Franchising: aspectos jurídicos e contratuais. 2ª ed. – São Paulo: Atlas, 1997, p.97

> Art. 8º O disposto nesta lei aplica-se aos sistemas de franquia instalados e operados no território nacional.

O artigo 9º elucida que o termo franqueador também serve para designar o subfranqueador, e que o termo franqueado também serve para designar o subfranqueado.

> Art. 9º Para os fins desta lei, o termo franqueador, quando utilizado em qualquer de seus dispositivos, serve também para designar o subfranqueador, da mesma forma que as disposições que se refiram ao franqueado aplicam-se ao subfranqueado.

O artigo 10 indica o momento no qual a lei entrará em vigor.

> Art. 10. Esta lei entra em vigor 60 (sessenta) dias após sua publicação.

Por fim, os artigos 5 e 11 foram revogados.

Enfim, a Lei de Franquia que se encontra em vigor, como pode ser observado da descrição dos artigos acima, é extremamente enxuta e não trata de temas importantes como as consequências para o desrespeito da cláusula de sigilo, confidencialidade e não concorrência.

Adalberto Simão Filho destaca que:

> Não explicitadas na lei as questões relativas a renovação do contrato em caso de expiração do prazo, deverá a circular ou o contrato informar sobre as condições e direitos de renovação, bem como sobre as possibilidades de transferência do contrato para terceiros ou condições de preferência do franqueador na recompra do pacote de *franchising*.[56]

Existem alguns projetos que visam alterar a lei de franquia, contudo, tais projetos ainda não possuem previsão para a sua aprovação, sendo que

[56] SIMÃO FILHO, Adalberto, Franchising: aspectos jurídicos e contratuais. 2ª ed. – São Paulo: Atlas, 1997, p.110

ainda que sejam aprovados e passem a vigorar como lei, muitos dos temas abordados nesse trabalho continuarão sem qualquer definição.

Em razão desta "insuficiência" de regras legais, os contratos de franquia devem ser redigidos com muita cautela, incluindo previsões que possam proteger o interesse de toda a rede, ficando a cargo dos tribunais a decisão sobre algumas das suas previsões.

5. CLASSIFICAÇÃO DO CONTRATO DE FRANQUIA

A Federação Europeia de *Franchising*[57] afirma que *franchising* é um método de colaboração contratual entre duas partes juridicamente independentes e igualadas: de uma parte, uma empresa franqueadora, a franchiseur, de outra parte, uma ou mais empresas franqueadas, a franchisee.

No que concerne à empresa franqueadora, implica a propriedade de uma razão social, nome comercial, sigla ou símbolo de comércio ou de serviço e de *know how*, colocados à disposição dos franqueados, e que correspondem a técnicas comerciais específicas, que já foram experimentadas e que são continuamente desenvolvidas.

Adalberto Simão Filho explica ainda que o sistema de franquia tem por finalidade:

> (...) a melhor distribuição para venda de produtos, mercadorias ou serviços, com a possibilidade de, por meio do sistema serem atingidas maiores zonas de comercialização com custo reduzido, fator que interferirá diretamente na sustentação da marca já reconhecida do público, com benefícios ao consumidor. O Franqueador deverá ser detentor de uma propriedade imaterial ou incorpórea constituída de suas marcas registradas, sinais, insígnias, patentes, formulas especiais, denominação etc. que serão objeto de concessão ou licença de uso conforme o caso concreto que se apresenta, com

[57] Apud Adalberto Simão Filho. *Franchising*, aspectos jurídicos e contratuais. 4ª Ed. Editora Atlas, São Paulo, p. 29

> o fim de autorizar o franqueado a dela dispor nos termos e limites pactuados entre as partes.[58]

Diante da vantagem que se estabelece para ambas as partes nesse tipo de contratação, nota-se que os sistemas de franquia vêm crescendo a cada ano no Brasil. Segundo dados divulgados pela Associação Brasileira do *Franchising*, o ano de 2011 fechou com 2.031 redes de franquia e 93.098 unidades espalhadas por todo o Brasil, merecendo uma atenção especial.

Maria Helena Diniz de forma brilhante expõe um dos motivos para isso tudo estar ocorrendo:

> O *franchising* é vantajoso para ambas as partes, pois possibilita ao franqueado a expansão de seus negócios com baixos investimentos, e ao franqueado a oportunidade de ser seu próprio patrão, de ser dono de sua empresa, com riscos bem menores do que os enfrentados por aqueles que se aventuraram no auto-empresariamento sem contar com o auxílio de alguém com experiência, proprietário de uma grande marca. E, além disso, permite ao consumidor, beneficiar-se da qualidade uniforme do produto ligado a uma marca conhecida e a método já experimentado.[59]

Ocorre, porém, que o Legislador ao criar a lei de franquia (lei nº 8.955/94), limitou-se a tratar da definição da franquia empresarial e da obrigação do fornecimento de informações ao candidato antes da assinatura de qualquer documento ou do pagamento de qualquer valor.

Jose Cretella Junior explica que:

> A obrigatoriedade da Circular de Oferta de Franquia decorre da influência em nosso Direito, do Full Disclosure Act, do Direito norte-americano, e constitui poderosa salvaguarda de interesses, tanto do franqueador – que se eximirá, no futuro, de eventuais acusações de ter ocultado informações vitais ao franqueado – quanto

[58] SIMÃO FILHO, Adalberto, Franchising: aspectos jurídicos e contratuais. 2ª ed. – São Paulo: Atlas, 1997, p. 33

[59] DINIZ, Maria Helena. Tratado teórico e prático dos contratos. 6ª Ed. São Paulo, 2006. 4v. p. 50.

> ao franqueado, que poderá invocar, caso não seja bem-sucedido na operação, omissão de informações importantes, por parte do franqueador, se for o caso.[60]

Em razão desta "insuficiência" de regras legais, os contratos de franquia, que são contratos híbridos e que compreendem diversos outros contatos, como é o caso, da cessão da licença de uso de marca, prestação de serviços, distribuição de produtos, entre outros, devem ser redigidos com muita cautela, incluindo previsões que possam proteger o interesse de toda a rede, afinal, quando se tem uma relação de franquia não se pensa no interesse de uma única empresa, mas sim de um conjunto de empresas que estão ligadas pela marca.

Nesse trabalho, como se observará, apenas algumas das cláusulas que constantemente aparecem nos contratos de franquia serão abordadas.

Antes de passarmos novamente ao destaque de algumas das suas cláusulas, é importante que fique claro que, segundo Silvio de Salvo Venosa, o contrato de franquia é um "contrato complexo derivado primordialmente da concessão."[61] Este autor acrescenta que "Trata-se de um contrato de cooperação entre empresas independentes em busca de resultados obrigacionais."[62].

Trata-se de um contrato consensual, oneroso, bilateral, de execução continuada e híbrido, como ensina FRAN MARTINS[63].

Consensual já que se torna obrigatório pela simples manifestação de vontade das partes contratantes. Glória Cardoso de Almeida Cruz esclarece que é consensual já que "se concretiza pelo simples consentimento das partes, sem necessidade de qualquer outro complemento, isto é, basta apenas a simples manifestação da vontade dos contratantes."[64].

Trata-se de um contrato oneroso porque ambas as partes têm ganhos e perdas, ou seja, ambas as partes têm um sacrifício patrimonial. O franqueado paga à Franqueadora uma remuneração direta ou indireta em razão das concessões efetuadas através do contrato.

[60] CRETELLA NETO, José. Manual Jurídico do Franchising . São Paulo: Atlas, 2003, p. 105

[61] VENOSA, Sílvio de Salvo. Direito Civil: contratos em espécie. 11ª ed. São Paulo: Atlas, 2011, p.526

[62] VENOSA, Sílvio de Salvo. Direito Civil: contratos em espécie. 11ª ed. São Paulo: Atlas, 2011, p.526

[63] MARTINS, Fran. Contratos e obrigações comerciais. Rio de Janeiro: Forense, 1981.

[64] CRUZ, Glória Cardoso de Almeida. *Franchising*. Rio de Janeiro: Forense, 1993, p.25

Silvio de Salvo Venosa destaca que "O contrato é bilateral, pois contém obrigações recíprocas, sendo também oneroso."[65].

O contrato de franquia é bilateral ou sinalagmático uma vez que gera obrigações para ambas as partes, e não para apenas uma delas. O franqueador cede *know how* e autoriza o franqueado a utilizar a marca, ao passo que o franqueado paga as taxas devidas em razão disso, devendo seguir os padrões determinados pela franqueadora.

É ainda, um contrato de execução continuada já que há prestações sucessivas, e não se exaure com uma única prestação.

Existe uma discussão sobre a tipicidade ou não do contrato. Orlando Gomes esclarece a diferença esses dois institutos.

> No direito moderno, é facultado criar, mediante vínculo contratual, quaisquer obrigações. O conteúdo dos contratos pode ser estruturado livremente. As pessoas que querem obrigar-se não estão adstritas a usar as espécies contratuais definidas na lei. Desfrutam, numa palavra, a liberdade de contratar ou de obrigar-se.
>
> As relações econômicas travam-se, corretamente, sob formas jurídicas que, por sua frequência, adquirem tipicidade. As espécies mais comuns são objeto de regulamentação legal, configurando-se por traços inconfundíveis e individualizando-se por denominação privativa. É compreensível que a cada forma de estrutura econômica da sociedade correspondam espécies contratuais que satisfaçam às necessidades mais instantes da vida social. Em razão dessa corespondência, determinados tipos de contratos preponderam em cada fase da evolução econômica, mas outras se impõem em qualquer regime, embora sem a mesma importância. Esses tipos esquematizados pela lei chamam-se contratos nominativos ou típicos. Os que se formam a margem dos paradigmas estabelecidos – como fruto da liberdade de obrigar-se – denominam-se contratos inominados ou atípicos.[66]

A Lei nº 8.955/94, cujo texto disciplina a formação dos Contratos de Franquia e demonstra suas principais diretrizes, não fixa condições, encargos, termos, garantias, cláusulas ou obrigações certas que devam ser espe-

[65] VENOSA, Sílvio de Salvo. Direito Civil: contratos em espécie. 11ª ed. São Paulo: Atlas, 2011, p.526

[66] GOMES, Orlando. Contratos. 9ª Ed., Rio de Janeiro: Ed. Forense, 1983. P. 110

cíficas e já pré-determinadas, esses itens deverão estar expressamente mencionados no contrato, a livre critério e negociação das partes que o firmarão, e que, portanto, deverão ser fielmente obedecidos.

Seguindo esta linha, Fábio Ulhôa Coelho[67] ensina que o contrato de franquia é um contrato atípico, pois apesar de haver uma lei que trate do sistema de franquia no Brasil (Lei 8.955/94), esta lei procura apenas assegurar ao franqueado o amplo acesso às informações indispensáveis à sua análise sobre o seu ingresso na rede de franquia. Assim, como a lei não define direitos e deveres dos contratantes, não há de se falar em tipicidade do contrato.

> Em outros termos, o contrato de franquia é atípico porque a lei não define direitos e deveres dos contratantes, mas apenas obriga os empresários que pretendem franquear seu negócio a expor, anteriormente à conclusão do acordo, aos interessados algumas informações essenciais.[68]

Há quem diga, porém, que o contrato de franquia é típico já que existe uma lei que trata da franquia empresarial, como é o caso de Humberto Theodoro Junior:

> O contrato de franquia empresarial, depois de difundir-se como praxe comercial, social e economicamente típica, com nome reconhecido, regulando um conjunto de obrigações e direitos mais ou menos constante, alcançou a tipicidade jurídica, no senso mais estrito que se admite em doutrina, com o advento da Lei 8.955/94.
>
> O citado diploma legal tratou de definir o contrato de franquia, elencando seus elementos essenciais, identificando sua finalidade econômica e definindo as obrigações e direitos fundamentais de cada contratante. Sua eficácia, desde então, provém do padrão que a lei lhe outorga e não mais diretamente da vontade criadora das partes.[69]

[67] COELHO, Fábio Ulhoa – Curso de Direito Comercial, Saraiva, 2008, vl. 1, p. 126/127

[68] COELHO, Fabio Ulhoa in op. cit., p.121

[69] THEODORO JÚNIOR, Humberto; MELLO, Adriana Mandim Theodoro de (Coord.). Apontamentos sobre a responsabilidade civil na denúncia dos contratos de distribuição franquia e concessão comercial. Revista de Direito Mercantil: industrial, econômico e financeiro., São Paulo, n. 122, p. 7-37, abr./jun. 2001, p. 11

Esse entendimento, porém, é minoritário.

Enfim, após analisar a natureza jurídica do contrato de franquia, Adalberto Simão Filho conclui que se trata de um contrato misto.

> Esse contrato é misto por se utilizar de diversos contratos nominados ou inominados para a sua estruturação. Bilateral por só poder ser formado com a concorrência de outros participantes além do franqueador, que em geral são pessoas jurídicas ou físicas que se obrigam a criar pessoa jurídica com o fim de explorar o contrato firmado. Inerente a este contrato existem prestações recíprocas a serem cumpridas pelas partes, com direitos e obrigações de ambos os lados, com o fim de atingir o objeto do contrato consubstanciado na distribuição ou comercialização de produtos, mercadorias ou serviços.[70]

Silvio de Salvo Venosa lembra que "sua natureza exige a forma escrita, conforme o art. 6º da Lei nº 8.955/94, devendo ser 'assinado na presença de duas testemunhas e terá validade independentemente de ser levado a registro perante cartório ou órgão público"[71].

Adiciona ainda, que "Não será necessariamente por adesão, embora a maioria assim o seja, como destacamos."[72].

Humberto Theodoro Junior, citando Saleilles, esclarece que não se trata de um contrato de adesão, já que este, nos contratos de adesão a sua adesão é inevitável, ou seja, trata-se de uma proposta formulada à coletividade, na qual o contratante tem imperiosa necessidade de contratar, não havendo condições práticas de recusar a contratação[73]. E segue esclarecendo que

[70] SIMÃO FILHO, Adalberto, Franchising: aspectos jurídicos e contratuais. 2ª ed. – São Paulo: Atlas, 1997, p. 41-42

[71] VENOSA, Sílvio de Salvo. Direito Civil: contratos em espécie. 11ª ed. São Paulo: Atlas, 2011, p.526

[72] VENOSA, Sílvio de Salvo. Direito Civil: contratos em espécie. 11ª ed. São Paulo: Atlas, 2011, p.526

[73] THEODORO JÚNIOR, Humberto; MELLO, Adriana Mandim Theodoro de (Coord.). in op. cit., p.15

"Adere, apenas, se for de sua conveniência e interesse."[74] e por isso "fala-se em contrato por adesão, mas não em contrato de adesão."[75].

Destaca-se que não se trata de contrato coligado, já que neste tipo de contrato cada figura contratual apresenta uma autonomia funcional, e no contrato de franquia, que é um contrato complexo misto, há uma função jurídica específica. Também não se trata de uma cumulação de contrato de transferência de tecnologia, de contrato de licença de uso de marca e outros contratos.

Resumindo, o contrato de franquia é um contrato misto do tipo completo, incumbindo ao franqueador a obrigação de concessão da licença de uso da marca, cumulada com outras obrigações, tais como transferência de tecnologia, instrução, entre outros.

A hibridez e complexidade do contrato de franquia, que é uma operação complexa, tem sido analisadas e avaliadas pelos julgadores nas ações judiciais que foram propostas questionando a inclusão da "franquia" no rol dos serviços tributados pelo Imposto Sobre Serviços (ISS).

Apesar de não ser o tema deste trabalho, até por se considerar uma questão tributária, cumpre destacar as recentes decisões que tratam da legalidade ou não da cobrança de ISS sobre as verbas oriundas dos contratos de franquia.

A atividade de franquia não estava incluída na lista de serviços anexa ao Decreto-lei n° 406/68, que disciplinava o ISS, até a entrada em vigor da Lei Complementar nº 116/03. Contudo, existia a previsão de incidência do ISS sobre a atividade de "agenciamento, corretagem ou intermediação de contratos de franquia (*franchising*) e de faturação (*factoring*)".

Devido ao fato de referido Decreto-lei não ser expresso quanto à incidência do ISS nas atividades de franquia, muita dúvida sobre o assunto surgiu, gerando debates na doutrina e na jurisprudência nacional.

[74] THEODORO JÚNIOR, Humberto; MELLO, Adriana Mandim Theodoro de (Coord.). in op. cit., p.15

[75] THEODORO JÚNIOR, Humberto; MELLO, Adriana Mandim Theodoro de (Coord.). in op. cit., p.15

No que se refere a períodos anteriores à entrada em vigor da Lei Complementar nº 116/03, porém, o Superior Tribunal de Justiça pacificou o entendimento no sentido da não incidência do imposto municipal (REsp 1131872/SC, Rel. Ministro LUIZ FUX, PRIMEIRA SEÇÃO, julgado em 09/12/2009, DJe 01/02/2010[76]).

[76] PROCESSO CIVIL. ALEGAÇÃO DE SENTENÇA CITRA PETITA. AUSÊNCIA DE INTERESSE RECURSAL. TRIBUTÁRIO. RECURSO ESPECIAL REPRESENTATIVO DE CONTROVÉRSIA. ART. 543-C, DO CPC. ISS. EMPRESA FRANQUEADA QUE PRESTA SERVIÇOS POSTAIS E TELEMÁTICOS. DECRETO-LEI 406/68 E LC 56/87. NÃO-INCIDÊNCIA. PERÍODO ANTERIOR À EDIÇÃO DA LC 116/03.
1. Os serviços postais e telemáticos prestados por empresas franqueadas, sob a égide da LC 56/87, não sofrem a incidência do ISS, em observância ao princípio tributário da legalidade. (Precedentes: AgRg no REsp 1061014/SP, Rel. Ministro HUMBERTO MARTINS, SEGUNDA TURMA, julgado em 18/12/2008, DJe 16/02/2009; AgRg no Ag 1111131/SP, Rel. Ministro CASTRO MEIRA, SEGUNDA TURMA, julgado em 09/06/2009, DJe 23/06/2009; AgRg no REsp 725.768/RJ, Rel.
Ministro HERMAN BENJAMIN, SEGUNDA TURMA, julgado em 05/02/2009, DJe 24/03/2009; REsp 1066071/SP, Rel. Ministro TEORI ALBINO ZAVASCKI, PRIMEIRA TURMA, julgado em 07/08/2008, DJe 20/08/2008; REsp 873.440/RS, Rel. Ministro LUIZ FUX, PRIMEIRA TURMA, julgado em 13/11/2007, DJ 03/12/2007; REsp 373.986/MG, Rel. Ministro JOÃO OTÁVIO DE NORONHA, SEGUNDA TURMA, julgado em 07/03/2006, DJ 06/04/2006; RESP 189.225-RJ, DJ de 03.06.2002, Rel. Min. Peçanha Martins).
2. O Decreto-Lei 406/68 estabeleceu como fato gerador do ISS a prestação, por empresa ou profissional autônomo, com ou sem estabelecimento fixo, de serviço constante da lista anexa ao diploma legal, ainda que sua prestação envolvesse o fornecimento de mercadoria.
3. A citada lista de Serviços, anexa ao Decreto-Lei 406/68, com a redação dada pela Lei Complementar 56, de 15 de dezembro de 1987, dispunha sobre a atividade de "Agenciamento, corretagem ou intermediação de contratos de franquia (franchise) e de faturação (factoring) (excetuam-se os serviços prestados por instituições autorizadas a funcionar pelo Banco Central);" (Item 48).
4. A franquia não era listada como serviço pelo legislador complementar, mas, antes, as atividades de corretagem, agenciamento e intermediação que a tivessem por objeto, situação jurídica que restou modificada pela Lei Complementar 116, de 31 de julho de 2003, que revogou os artigos 8º, 10, 11 e 12, do Decreto-Lei 406/68, bem como a Lei Complementar 56/87, entre outros, enunciando, no item 26.01 de sua lista anexa, como hipótese de incidência do ISS, os "serviços de coleta, remessa ou entrega de correspondências, documentos, objetos, bens ou valores, inclusive pelos correios e suas agências franqueadas".
5. In casu, verifica-se a inaplicabilidade da aludida Lei Complementar, porquanto referente a período anterior, ainda sob a égide da LC 56/87, consoante se dessume da sentença de procedência integral do pedido de anulação dos lançamentos tributários, prolatada na data de 16/12/2002.
6. Impende salientar o reconhecimento, pelas instâncias ordinárias, da natureza de franquia relativa ao contrato em tela, tendo restado assentado pelo juízo singular, in verbis: "É pací-

Com o advento da Lei Complementar nº 116/03, que revogou as disposições do Decreto-lei nº 406/68, a figura da franquia foi incluída no rol dos serviços tributáveis pelo ISS de forma expressa no item 17.08.

Apesar desta inserção, como a franquia não é um serviço por ser um contrato complexo, conforme já citado, há dúvidas por parte dos franqueadores sobre a legalidade ou não da cobrança do ISS.

O Superior Tribunal de Justiça já decidiu no sentido de que, com a inclusão da franquia na lista de serviços, estaria autorizada a cobrança do ISS sobre tais atividades (AgRg no REsp 1191839/DF, Rel. Ministro CASTRO MEIRA, SEGUNDA TURMA, julgado em 14/04/2011, DJe 27/04/2011[77]).

fico que o desempenho da atividade de franqueado não constitui hipótese de incidência do imposto sobre serviços. A compreensão do Superior Tribunal de Justiça é, no particular, de tal modo entusiástica que desencoraja digressão dissonante.
(...) A situação da autora, não apenas pela denominação dada ao pacto, entrosa-se com a definição de serviço franqueado.
(...) De tal sorte, não tenho dificuldade em vincular o instrumento negocial de fls. 30 e seguintes com uma característica franquia." 7. A alegada violação dos arts. 128 e 535 do CPC, ao argumento de omissão no tocante a pedidos declinados na inicial, não restou configurada, uma vez que, não tendo havido sucumbência da recorrente, mostra-se ausente seu interesse recursal. Ademais, manifestou-se o acórdão recorrido quanto à questão, no sentido de que "verifica-se que o pedido da autora restringe-se à restituição dos valores eventualmente recolhidos a título de ISS, caso houvesse pagamento durante o trâmite da lide, o que de fato não ocorreu." 8. A admissão do recurso especial pela alínea "c" do permissivo constitucional exige a demonstração do dissídio na forma prevista pelo RISTJ, com a demonstração analítica das circunstâncias que assemelham os casos confrontados, bem como pela juntada de certidão ou de cópia integral do acórdão paradigma, ou, ainda, a citação do repertório oficial de jurisprudência que o publicou. In casu, o dissídio jurisprudencial não restou demonstrado nos moldes exigidos pelo RISTJ.
9. Recurso Especial parcialmente conhecido e, nesta parte, desprovido. Acórdão submetido ao regime do art. 543-C do CPC e da Resolução STJ 08/2008.
(BRASIL. Superior Tribunal de Justiça. REsp 1131872/SC, Rel. Ministro LUIZ FUX, PRIMEIRA SEÇÃO, julgado em 09/12/2009, DJe 01/02/2010)

[77] TRIBUTÁRIO E PROCESSUAL CIVIL. ISS. LC Nº 116/2003. CONTRATO DE FRANQUIA. INCIDÊNCIA TRIBUTÁRIA. PREVISÃO EXPRESSA.
1. Com a edição da Lei Complementar nº 116/03, em vigor a partir de 01.01.2004, a operação de franquia passou a ser expressamente prevista no item 17.08 da lista de serviços anexa à norma, ficando, portanto, sujeita à incidência tributária. Precedentes: AgRg no REsp 982.171/RJ, Rel. Min. Mauro Campbell Marques, Segunda Turma, DJe 29.04.10; AgRg no REsp 1.151.492/SP, Rel. Min. Mauro Campbell Marques, Segunda Turma, DJe 10.03.2011; AgRg no REsp 1.140.028/MG, Rel. Min. Humberto Martins, Segunda Turma, DJe 14.02.2011; EDcl no REsp 1.066.071/SP, Rel. Min. Teori Albino Zavascki, Primeira Turma, DJe 05.03.2010.
2. Agravo regimental provido.

Com a edição da Lei Complementar 116/2003, no entanto, está expressamente prevista a incidência do ISSQN sobre franquia (*franchising*), no item 17.08 da lista de sérvios anexa à lei complementar mencionada. Deste modo, com a previsão expressa do item relativo à incidência do ISSQN sobre franquia, o assunto não comporta maiores digressões no âmbito desta Corte de Justiça, a quem cabe zelar pelo cumprimento da legislação infraconstitucional.

Contudo, uma vez que a mera inclusão da atividade de franquia no rol dos serviços tributáveis pode não ser suficiente para legitimar a incidência desse imposto a uma atividade que não corresponde a uma efetiva prestação de serviço, o próprio Superior Tribunal de Justiça também manifestou entendimento no sentido de que a questão possui natureza constitucional e, portanto, deve ser discutida no Supremo Tribunal Federal, guardião da Constituição[78].

Como já visto, o contrato de franquia é formado pelos seguintes elementos: distribuição, colaboração recíproca, preço, concessão de autorizações e licenças, independência, métodos e assistência técnica permanente, exclusividade e contrato mercantil[79].

E não é só. A hibridez e complexidade do contrato de franquia estão expressas através do seu conceito, disposto no art. 2°, da Lei n° 8.955/94, que prevê:

(BRASIL. Superior Tribunal de Justiça. AgRg no REsp 1191839/DF, Rel. Ministro CASTRO MEIRA, SEGUNDA TURMA, julgado em 14/04/2011, DJe 27/04/2011)

[78] PROCESSUAL CIVIL. TRIBUTÁRIO. AGRAVO REGIMENTAL. ISS. EMPRESA FRANQUEADA QUE PRESTA SERVIÇOS POSTAIS E TELEMÁTICOS. PERÍODO POSTERIOR À EDIÇÃO DA LC 116/03. INCIDÊNCIA. PRESTAÇÃO DE SERVIÇO. CONCEITO. PRESSUPOSTO PELA CONSTITUIÇÃO FEDERAL DE 1988. COMPETÊNCIA DO SUPREMO TRIBUNAL FEDERAL.
(...)
3. A jurisprudência desta Corte Superior é no sentido de que a discussão em torno do conceito de serviço para fins de incidência do ISS é de cunho eminentemente constitucional (art. 156, inciso III, da Constituição Federal), descabendo a esta Corte, por meio da via recursal eleita, tal apreciação, sob pena de usurpação da competência conferida, tão-somente, ao Supremo Tribunal Federal.
4. Agravo regimental não provido.
(BRASIL. Superior Tribunal de Justiça. AgRg no REsp 1191465/ES, Rel. Ministro MAURO CAMPBELL MARQUES, SEGUNDA TURMA, julgado em 17/02/2011, DJe 10/03/2011)

[79] SIMÃO FILHO, Adalberto. *Franchising.* 3ª ed. Atlas: São Paulo, 1988, pp. 33/55

> Franquia empresarial é o sistema pelo qual um franqueador cede ao franqueado o direito de uso de marca ou patente, associado ao direito de distribuição exclusiva ou semi-exclusiva de produtos ou serviços e, eventualmente, também ao direito de uso de tecnologia de implantação e administração de negócio ou sistema operacional desenvolvidos ou detidos pelo franqueador, mediante remuneração direta ou indireta, sem que, no entanto, fique caracterizado vínculo empregatício.

Assim sendo, a natureza complexa do contrato implica na necessidade do afastamento da caracterização de prestação de serviço, e consequentemente, no afastamento da tributação pelo ISS.

O Tribunal de Justiça do Estado de São Paulo também já decidiu que a Lei Complementar nº 116/2003 não tem o condão de modificar a natureza do instituto e o entendimento de que não existe, na relação de franquia, prestação de serviços, sendo que algumas recentes decisões seguem nesse sentido[80].

A 14ª Câmara de Direito Público do Tribunal de Justiça de São Paulo, por unanimidade, negou provimento ao recurso de Apelação nº 0006211-09.2004.8.26.0068[81] interposto pela Municipalidade, destacando o seguinte:

[80] Ação Rescisória fundada no art. 485, V do CPC Existência de afronta a dispositivo expresso de Lei Atividade da autora que não pode ser enquadrada como permissiva de tributação a título de ISSQN Ação declaratória procedente Ação procedente (BRASIL. Tribunal de Justiça de São Paulo. Ação Rescisória 9030212-36.2009.8.26.0000. Relator Arthur Del Guércio. 7º Grupo de Direito Público. Data do julgamento 14/06/2012. TJ SP)
REEXAME NECESSÁRIO E APELAÇÃO MANDADO DE SEGURANÇA - ISSQN FRANQUIA Itens 10.04 e 17.08 da lista anexa à Lei Complementar nº 116/03 Lei complementar municipal nº 132/2003, item 17.07 - Natureza jurídica da obrigação que afasta a incidência tributária Não incidência de ISSQN - Precedentes jurisprudenciais Recursos oficial e voluntário da municipalidade não providos. (BRASIL. Tribunal de Justiça de São Paulo. Apelação 9157162-32.2005.8.26.0000. Relator Rodrigo Enout. 14ª Câmara de Direito Público. Data do julgamento 19/6/2012. TJ SP)

[81] REEXAME NECESSÁRIO E APELAÇÃO MANDADO DE SEGURANÇA ISSQN FRANQUIA Itens 10.04 e 17.08 da lista anexa à Lei Complementar nº 116/03 Natureza jurídica da obrigação que afasta a incidência tributária Não incidência de ISSQN - Precedentes jurisprudenciais Recursos oficial e voluntário da municipalidade não providos. (BRASIL.

Com efeito, a Lei Complementar no 116/03 refere-se ao contrato de franquia, nos itens 10..04 e 17.08 da sua lista anexa.

No caso dos autos, verifica-se que o objeto social do impetrante constitui, dentre outras atividades, na "exploração de sistema de Franquias (*FRANCHISING*), mediante concessão para uso de marcas e tecnologias, comerciais ou de serviços, a exemplo de: AGENDA SER TOTAL, CARDÁPIO VISUAL, CONCENTRO, MULTICOISAS, MULTICASA, MULTI*FRANCHISING*, REDE FORTE E REUSE" (cláusula 2a, item b, do contrato social – fls. 50).

O art. 2º, da Lei no 8.955/94 define franquia nos seguintes termos:

"Franquia empresarial é o sistema pelo qual um franqueador cede ao franqueado o direito de uso de marca ou patente, associado ao direito de distribuição exclusiva ou semi-exclusiva de produtos e serviços e, eventualmente, também ao direito de uso de tecnologia de implantação e administração de negócio ou sistema operacional desenvolvidos ou detidos pelo franqueador, mediante remuneração direta ou indireta, sem que, no entanto, fique caracterizado vínculo empregatício".

Segundo Aires F. Barreto, "Franquia é o contrato pelo qual uma pessoa, mediante certas condições, cede à outra o direito de comercializar produtos ou marcas de que é titular. Trata-se de espécie de cessão de direitos". E acrescenta: "Na franquia, os franqueadores (cedentes) transferem direitos da sua propriedade imaterial, que podem consistir em know-how, marcas, insígnias, patentes, métodos e sistemas etc., obrigando-se os franqueados (cessionários) a deles se utilizar, nos estritos moldes do manual operativo. Não há, na operação de franquia, esforço físico ou intelectual dos cedentes que possa caracterizar uma prestação de serviço, mas apenas cessão temporária de direitos de propriedade imaterial de outrem" (ISS na Constituição e na Lei Dialética, São Paulo: 2005, p. 213).

Desse modo, considerando-se que serviço tributável por meio do ISSQN consiste numa obrigação de fazer, não há que se falar em prestação de serviço no contrato de franquia, que tem natureza

Tribunal de Justiça de São Paulo. Apelação n 0006211-09.2004.8.26.0068. Relator Rodrigo Enout. 14ª Câmara de Direito Público. Data do julgamento 14/6/2012. TJ SP)

híbrida, vez que envolve obrigações de dar, de fazer e nãofazer, o que afasta a incidência do ISSQN sobre a atividade relacionada. Observe-se que mesmo nos contratos que preveem assistência técnica, instrução, treinamento, avaliação pessoal por parte do franqueador ou consultoria, não há prestação de serviço, posto que consubstanciam atividades-meio para viabilização da atividade-fim que é a cessão de direitos.

A questão já foi decidida pelo Órgão Especial deste E. TJSP, no julgamento da Arguição de Inconstitucionalidade nº 994.06.045400-3, Relator Des. José Roberto Bedran, j. 19.5.2010:

"Incidente de Inconstitucionalidade. ISS. Franquia. Item 17.08 da lista de atividades sob hipótese de incidência, da Lei Complementar nº 116/03. Item 17.07, da Lei nº 13.071/03, do Município de São Paulo. Arguição formulada pela 15ª Câmara de Direito Público. Natureza jurídica híbrida e complexa do contrato de franquia, que não envolve, na essência, pura obrigação de fazer, mas variadas relações jurídicas entre franqueador e franqueado, afastando-se do conceito constitucional de serviços.

Extrapolação, pelo Município, do âmbito de abrangência de sua competência material tributária. Procedência. Inconstitucionalidade declarada".

A despeito de a Lei Complementar nº 116/03 fazer referência ao contrato de franquia nos itens 10.04 e 17.08 da sua lista anexa, a r. sentença deve subsistir, como já restou consignado pelo colendo Superior Tribunal de Justiça, no julgamento do AgRg no REsp nº 953840/RJ, Relator Ministro Luiz Fux, 1ª Turma, j. 20.8.2009:

"(...) 12. A mera inserção da operação de franquia no rol e serviços constantes da lista anexa à Lei Complementar 116/2003 não possui o condão de transmudar a natureza jurídica complexa do instituto, composto por um plexo indissociável de obrigações de dar, de fazer e de não fazer. 13. Destarte, revela-se inarredável que a operação de franquia não constitui prestação de serviço (obrigação de fazer), escapando, portanto, da esfera da tributação do ISS pelos municípios".

Dessa forma, considerando que a franquia caracteriza verdadeira cessão de direitos, forçoso concluir que a atividade desenvolvida pelo recorrido não se subsume à hipótese de incidência do ISSQN,

> itens 10.04 e 17.08 da lista anexa à Lei Complementar nº 116/03 e à Lei Complementar municipal nº 178/2003, item 17.08.

O Supremo Tribunal Federal, por sua vez, também reconheceu o caráter constitucional da discussão relativa à tributabilidade da franquia pelo ISS e julgará a questão (RE 603136 RG, Relator: Min. MIN. GILMAR MENDES, julgado em 02/09/2010, DJe-185 DIVULG 30-09-2010 PUBLIC 01-10-2010)[82].

Assim, enquanto o Supremo não der a palavra final à matéria, ainda ficará sendo debatida nas cortes inferiores, sem qualquer conclusão definitiva.

[82] Recurso extraordinário. Tributário. ISS. Franquia. Fato gerador. Lei Complementar 116/2003. Repercussão geral reconhecida.(BRASIL. Supremo Tribunal Federal. RE 603136 RG, Relator(a): Min. GILMAR MENDES, julgado em 02/09/2010, DJe-185 DIVULG 30-09-2010 PUBLIC 01-10-2010 EMENT VOL-02417-07 PP-01426 LEXSTF v. 32, n. 382, 2010, p. 192-197 RTFP v. 18, n. 95, 2010, p. 336-340)

6. TENDÊNCIAS JURISPRUDENCIAIS

1.1. Cláusula de sigilo e confidencialidade

Conforme se extrai das lições de Jorge Pereira Andrade:

> Franquia é o contrato pelo qual uma empresa industrial, comercial ou de serviços, detentora de uma atividade mercadológica vitoriosa, com marca ou nome comercial notórios (franqueadora), permite a uma pessoa física ou jurídica (franqueada), por tempo e área geográfica exclusivas e determinadas, o uso de sua marca, para venda ou fabricação de produtos e/ou serviços, mediante uma taxa inicial e porcentagem mensal sobre o movimento de vendas. Oferece, por isso, todo o seu know-how administrativo, de marketing e publicidade e exige em contrapartida absoluto atendimento a suas regras e normas; permite ou não a subfranquia; nesse caso, deve ser o franqueado pessoa jurídica de direito privado.[83]

E não é só. Fábio Ulhoa Coelho esclarece que:

> a franquia é um contrato pelo qual um empresário (franqueador – franchisor) licencia o uso de sua marca a outro (franqueado – franchisee) e presta-lhe serviços de organização empresarial, com ou sem

[83] ANDRADE, Jorge Pereira. Contratos de Franquia e Leasing. Editora Atlas, 1993, pag. 22

> venda de produtos. Através deste tipo de contrato, uma pessoa com algum capital pode estabelecer-se comercialmente, sem precisar proceder ao estudo e equacionamento dos aspectos do empreendimento, basicamente os relacionados com a estruturação administrativo, treinamento de funcionários e técnicas de marketing. Isso porque tais aspectos encontram-se devidamente equacionados pelo titular de uma marca de comércio ou serviço e ele lhe fornece os subsídios indispensáveis à estruturação do negócio.
>
> (...) costuma-se atribuir aos franqueados o seguinte conjunto de encargos:a) o pagamento de uma taxa de adesão e de um percentual do seu faturamento; b) o pagamento pelos sérvios de organização empresarial fornecidos pelo franqueador; c) a obrigação de oferecer aos consumidores apenas os produtos ou serviços da marca do franqueador, por ele fabricado, aprovados ou simplesmente indicados; d) observar, estritamente, as instruções e o preço de venda ao consumidor estabelecidos pelo franqueador. Por seu turno, o franqueador tem, normalmente, as seguintes obrigações: a) permitir ao franqueado o uso da marca; b) prestar os serviços de organização empresarial. [84]

Fábio Ulhoa Coelho acrescenta, ainda, "O elemento indispensável à configuração do contrato é prestação de serviços de organização empresarial, ou por outra, o acesso a um conjunto de informações e conhecimentos, detidos pelo franqueador, que viabilizam a redução dos riscos na criação do estabelecimento do franqueado". [85]

Assim sendo, nota-se que através do contrato de franquia, uma pessoa com algum capital pode estabelecer-se comercialmente, utilizando-se de todo o *know how* desenvolvido pela franqueadora, e ainda, de uma marca, que muitas vezes já possui alguma notoriedade. Para tanto, a franqueadora fornece aos seus franqueados informações sigilosas e essenciais para a condução do negócio franqueado, que na grande maioria das vezes, não eram do conhecimento do franqueado antes do seu ingresso no sistema de franquia.

[84] COELHO, Fábio Ulhoa. Manual de Direito Comercial, 21ª ed., São Paulo: Saraiva, 2009, p. 439-441

[85] COELHO, Fábio Ulhoa. Curso de Direito Comercial, v. 1, 6ª Ed. Ver. E atual. De acordo com o novo código civil e alterações da LSA. São Paulo: Saraiva, 2000. p. 126

Por se tratar de informação sigilosa e essencial para a condução do negócio franqueado, é da essência dos contratos de franquia a proibição da divulgação, direta ou indireta, do *know how* desenvolvido pela Franqueadora para a rede de franquia.

Essa objeção é de extrema importância para os sistemas de franquia, uma vez que sem ela a propriedade intelectual desenvolvida pela Franqueadora não estaria preservada, na medida em que os interessados na aquisição desse conhecimento, após o seu recebimento, poderiam abrir o seu negócio próprio e concorrente ao formatado pela franqueadora, sem o pagamento de qualquer valor por isso.

Por tudo isso, os desembargadores da 22ª Câmara de Direito Privado do Tribunal de Justiça de São Paulo decidiram nos autos da apelação nº 9183292-88.2007.8.26.0000[86] que:

> Conforme expresso na sentença combatida, a franqueadora (Cristalo) emitiu contra a franqueada (Renata Guimarães e Cia. Ltda.) várias duplicatas sem causa e levou algumas a protesto, não consumados em razão de ordem judicial para susta-los. Portanto, houve quebra do contrato com ruptura do princípio da boa-fé, que deve nortear todos ajustes.
>
> Por outro lado, também está provado, através de fotografias e correspondências trocadas entre os litigantes (fls. 51/111 dos autos em apenso), que a franqueada desde a instalação não administrou bem seu comércio, acabando por alterar sua denominação (fls. 339, 349), ofertando produtos de origem desconhecida, estocados irregularmente e com data de validade não confiáveis. Referido comportamento também leva à rescisão.
>
> Como se extrai da lição de Jorge Pereira Andrade:

86 CONTRATO Franquia Rescisão por descumprimento contratual Possibilidade Divergências operacionais e comerciais Prova do descumprimento das obrigações decorrente da emissão de duplicatas sem lastro mercantil, de alteração do nome da empresa e oferta à venda de produtos de procedência ignorada Culpa recíproca dos litigantes pela ruptura - Restrição à livre concorrência e dever de sigilo que pode ser ajustada em contrato Legalidade da venda do fundo de comércio pelo preço de custo à franqueadora Apelação da franqueadora parcialmente provida, não provida a da franqueada. (BRASIL. Tribunal de Justiça de São Paulo. Apelação 9183292-88.2007.8.26.0000, Relator(a): Andrade Marques, Comarca: São Paulo, Órgão julgador: 22ª Câmara de Direito Privado, Data do julgamento: 01/03/2012, Data de registro: 02/03/2012, Outros números: 7122238700.)

"Franquia é o contrato pelo qual uma empresa industrial, comercial ou de serviços, detentora de uma atividade mercadológica vitoriosa, com marca ou nome comercial notórios (franqueadora), permite a uma pessoa física ou jurídica (franqueada), por tempo e área geográfica exclusivas e determinadas, o uso de sua marca, para venda ou fabricação de produtos e/ou serviços, mediante uma taxa inicial e porcentagem mensal sobre o movimento de vendas. Oferece, por isso, todo o seu know-how administrativo, de marketing e publicidade e exige em contrapartida absoluto atendimento a suas regras e normas; permite ou não a subfranquia; nesse caso, deve ser o franqueado pessoa jurídica de direito privado." (Contratos de Franquia e Leasing, Editora Atlas, 1993, pág.22).

Referido contrato é de adesão, o que obriga assinalar, não afasta a autonomia da vontade, pois a aceitação de suas cláusulas preestabelecidas assegura o caráter contratual específico e intuitu personae, certo que a determinação dos contratantes é elemento decisivo do ajuste.

A complexidade do negócio, enseja mesmo normas rígidas de atuação onde é essencial a transparência da relação (cf. Jorge Pereira Andrade, ob. cit. pág.28).

Nessa cadência, é inegável que ambos litigantes foram responsáveis pela ruptura do contrato. A franqueadora não agiu com acerto ao emitir duplicatas sem lastro mercantil e a franqueada, também, descumpriu a avença quando alterou a denominação do estabelecimento e passou a ofertar produtos de procedência desconhecida e estocados de forma irregular.

Assim, ambas provocaram a rescisão do contrato e, pelas provas coletadas, não é possível, com segurança, afirmar-se quem foi o primeiro a desonrá-lo.

Não havendo possibilidade de chegar-se ao responsável pela rescisão em primeiro lugar, a verba indenizatória perseguida não pode ser atribuída a nenhum dos litigantes.

Por outro lado, é da essência dos contratos de franquia a vedação da transferência, direta ou indireta, do know how desenvolvido pela franqueadora. Não houvesse tal objeção, a tutela da propriedade intelectual não estaria preservada, na medida em que eventuais 'interessados' na aquisição desse conhecimento, após treinamento e orientação técnica, poderiam abrir seu próprio negócio, sem pagamento de qualquer royalty ao desenvolvedor.

Além disso, no sistema de franquia, o franqueado, normalmente micro-empresário que se arrisca em novo ramo, deve ser tutelado até que possa andar "com as próprias pernas", para que o nome da franqueadora não seja maculado no mercado. Assim, os investimentos iniciais de ambas as partes são consideráveis, de modo que a venda do fundo de comércio pelo preço de custo implica em três coisas: amortização do investimento da franqueadora; garantia de que as instalações não serão repassadas para a concorrência; impedimento de enriquecimento ilícito da franqueada, já que está sendo ressarcida pelo que efetivamente pagou nos equipamentos, evidentemente, corrigido monetariamente.

Assim, as cláusulas que impõe o dever de não concorrência, de sigilo e de venda das instalações a preço de custo, nada têm de ilegal.

Havendo cláusula que trate da obrigação de sigilo e confidencialidade, a sua infração, além de caracterizar violação a obrigação contratual, caracterizada quebra da lealdade que deve guiar as relações contratuais.

Destaca-se, que além do Código Civil de 2002 em seu artigo 422 prever expressamente que os contratantes são obrigados a guardar, assim na conclusão do contrato, como em sua execução, os princípios de probidade e boa-fé, segundo Fran Martins[87] a franquia é um contrato de boa-fé, e deve-se resguardar ainda a função social do contrato.

Por boa-fé entende-se a honestidade, a transparência, a lealdade e a expectativa de que as partes ajam de acordo com os fins a que se destina o contrato. Acrescenta-se a ideia de que o princípio em questão envolve proteger o patrimônio do outro como se fosse o seu, é o respeito pela pessoa humana. Fundamental, portanto, é a observância de um parâmetro de conduta a ser seguido, conforme a expectativa criada nos contraentes.

Como bem estabelece o Código Civil Brasileiro de 2002:

> Artigo 113 – os negócios jurídicos devem ser interpretados conforme a boa-fé e os usos do lugar de sua celebração.

[87] MARTINS, Fran. Contratos e obrigações comerciais. Rio de Janeiro: Forense, 5ª edição, 1977, p.596.

Artigo 187 – também comete ato ilícito o titular de um direito que, ao exercê-lo, excede manifestamente os limites impostos pelo seu fim econômico ou social, pela boa-fé ou pelos bons costumes.

Artigo 422 – os contraentes são obrigados a guardar, assim na conclusão do contrato, como em sua execução, os princípios de probidade e boa-fé.

Ruy Rosado Aguiar Júnior em sua obra destaca que:

> a boa-fé se constitui numa fonte autônoma de deveres, independentemente da vontade, e, por isso, a extensão e o conteúdo da relação obrigacional já não se medem somente nela (vontade), e, sim, pelas circunstâncias ou fatos referentes ao contrato, permitindo-se construir objetivamente o regramento do negócio jurídico com a admissão de um dinamismo que escapa ao controle das partes. A boa-fé significa a aceitação da interferência de elementos externos na intimidade da relação obrigacional, com poder limitador da autonomia contratual. O princípio da boa-fé significa que todos devem guardar fidelidade à palavra dada e não frustrar ou abusar da confiança que constitui a base imprescindível das relações humanas, sendo, pois, mister que se proceda tal como se espera que o faça qualquer pessoa que participe honesta e corretamente do tráfego jurídico.[88]

Neste mesmo sentido, José Augusto Delgado:

> A boa-fé objetiva é concedida como uma regra de conduta fundada na honestidade, na retidão, na lealdade e, principalmente, na consideração de que todos os membros da sociedade são juridicamente tutelados, antes mesmo de serem partes nos contratos. O contratante é pessoa e como tal deve ser tutelado. [89]

[88] AGUIAR JUNIOR, Ruy Rosado. Extinção dos contratos por incumprimento do devedor. Rio de Janeiro: Aide, p. 238

[89] DELGADO, José Augusto. O contrato de seguro e o princípio da boa-fé: questões controvertidas. São Paulo: Método, 2004. p. 126.

Na coleção do professor Agostinho Alvin constou que:

> Assim, ao lado da força obrigatória dos contratos, da liberdade contratual e da intangibilidade dos efeitos do contrato, são agregados outros três princípios para harmonização e desenvolvimento da teoria contratual: *boa-fé objetiva, equilíbrio contratual e função social dos contratos*, que serão fundamentais na limitação da predisposição de *cláusulas contratuais gerais*, além da descoberta da abusividade de sua utilização.
>
> (...)
>
> O estudo do princípio da função social do contrato visa verificar de que modo se dá a interação entre tal princípio e o clássico princípio da relatividade, que, em sentido oposto, postula o isolamento da relação contratual, circunscrevendo seus efeitos aos contratantes.
>
> O contrato, segundo a nova acepção da função social, não é visto como um átomo, algo que somente interesse às partes. Sua finalidade transcende também para o âmbito social, desde a concepção até após a sua conclusão.
>
> (...)
>
> Para nós, o principio da função social dos contratos servirá de importante paradigma para averiguação da existência de patologia nas cláusulas contratuais gerais. Estas poderão estar prefixadas segundo a boa-fé, lealmente redigidas, visíveis e aceitas pelos destinatários. Todavia, seu conteúdo pode estar em desacordo com o esperado pela sociedade (...).
>
> A boa-fé objetiva, por sua vez, também é agregada aos novos estudos dos contratos. Segundo Karl Larenz, citando Kant, o personalismo ético, que eleva o respeito pela dignidade pessoal de cada ser humano à categoria de imperativo moral supremo, não seria suficiente para fundamentar uma ordem jurídica (ou as relações privadas) se não interviesse também um elemento ético-social: e esse elemento indispensável é a boa-fé. Uma sociedade na qual cada indivíduo desconfiasse do próximo seria semelhante a um estado de guerra latente. Em vez da paz, dominaria a discórdia.
>
> Hoje não há mais dúvidas de que a boa-fé estudada nos contratos é a objetiva, um standard, um dever imposto às partes para agirem de acordo com determinados padrões (de correção, lisura, honesti-

dade, etc) socialmente recomendados dentro de cada tipo contratual. É a denominada boa-fé, lealdade ou confiança, adjetivos que realçam o escopo desse principio: a tutela das legítimas expectativas da contrapartida, para garantia da estabilidade e da segurança das transações.[90]

João Hora Neto adiciona ainda que:

> A boa-fé objetiva, também denominada boa-fé lealdade, significa o dever de agir de acordo com determinados padrões, socialmente recomendados, de correção, lisura e honestidade. Trata-se de uma regra de conduta, a ser seguida pelo contratante, pautada na honestidade, na retidão, na lealdade e, principalmente, na consideração para com os interesses legítimos e expectativas razoáveis do outro contratante, visto como membro do conjunto social.[91]

E não é só. Cláudia Lima Marques destaca que:

> a boa-fé objetiva significa, portanto, uma atuação 'refletida', uma atuação refletindo, pensando no outro, no parceiro contratual, respeitando seus interesses legítimos, suas expectativas razoáveis, seus direitos, agindo com lealdade, sem abuso, sem obstrução, sem causar lesão ou vantagem excessiva, cooperando para atingir o bom fim das obrigações: o cumprimento do objetivo contratual e a realização dos interesses das partes.[92]

Finalmente, Judith Martins Costa leciona que

> por boa-fé objetiva se quer significar – segundo a conotação que adveio da interpretação conferida ao § 242 do Código Civil alemão, de larga força expansionista em outros ordenamentos, e, bem assim,

[90] MELO, Diogo L. machado de. Cláusulas contratuais gerais. São Paulo: Editora Saraiva, 2008, p. 29, 30 e 31

[91] HORA NETO, João. O princípio da boa-fé objetiva no código civil de 2002. Revista da ESMESE, nº 2, 2002, p.229-241

[92] MARQUES, Cláudia Lima. Contratos no Código de Defesa do Consumidor. 3ª ed, São Paulo: Revista dos Tribunais, 1999, p. 106-107.

> daquele que lhe é atribuída nos países da common law – modelo de conduta social, arquétipo ou standart jurídico, segundo o qual 'cada pessoa deve ajustar a própria conduta a esse arquétipo, obrando como obraria um homem reto: com honestidade, lealdade, probidade'. Por esse modelo objetivo de conduta levam-se em consideração os fatores concretos do caso, tais como status pessoal e cultural dos envolvidos, não se admitindo uma aplicação mecânica do standart, de tipo meramente subsuntivo.[93]

Assim sendo, a infração à obrigação de sigilo e confidencialidade pode ser entendida ainda como uma quebra ao principio contratual da boa-fé dos contratantes e da função social do contrato.

Por tudo isso, se a franqueadora não quiser que os segredos do negócio franqueado sejam divulgados a terceiros, deve estabelecer uma cláusula de sigilo e confidencialidade em seu contrato, acrescentando, inclusive, as penalidades para a sua infração, uma vez que a sua falta, implica na permissão dessa divulgação.

1.2. Cláusula de não concorrência

Outra grande discussão presente no judiciário Brasileiro oriunda da relação de franquia é a validade ou não das cláusulas de não concorrência.

Quando se inicia uma relação de franquia, o franqueador oferece aos franqueados *know how* que muitas vezes não é do conhecimento do franqueado ou de terceiros. Assim, a cláusula de não concorrência tem por objetivo proteger a propriedade intelectual e todo o *know how* desenvolvido pelo franqueador.

Assim, ensina Fabio Ulhoa Coelho:

> As cláusulas contratuais de disciplina da concorrência podem ou não ser válidas, de acordo com uma série de fatores, a serem especificamente analisados. Para análise, o critério mais relevante é o da preservação do livre mercado. Ou seja, as partes podem disciplinar o exercício da concorrência entre elas, desde que não a eliminem

[93] COSTA, Judith Martins A boa-fé no Direito Privado. 1ª ed, 2ª tiragem. São Paulo: Revista dos Tribunais, 2000, p. 411.

> por completo. Em outros termos, a validade da disciplina contratual da concorrência depende da preservação de margem para a competição (ainda que futura) entre os contratantes; ou seja, da definição de limites materiais, temporais e espaciais. Em concreto, a vedação não pode dizer respeito a todas as atividades econômicas, nem deixar de possuir delimitações no tempo ou no espaço. [94]

Como bem se observa, a cláusula de não concorrência presente na grande maioria dos Contratos de Franquia, mostra-se absolutamente válida, desde que não vede o exercício da atividade econômica perpetuamente no tempo e no espaço. Ainda na lição do jurista acima citado, "A restrição deve necessariamente se circunscrever a determinados ramos de comércio, indústria ou serviços. Para as demais atividades, as partes ficam livres de qualquer obrigação (de não fazer)."[95]

E ainda sobre o temo, segue a lição do Prof. FÁBIO KONDER COMPARATO, em estudo sobre a matéria, publicado na Revista de Direito Mercantil:

> Nas hipóteses de restrições convencionais de concorrência, a jurisprudência, tanto aqui como alhures, firmou-se no sentido de enquadrar a licitude de tais estipulações dentro de limites precisos de objeto, de tempo e de espaço, tendo em vista o princípio da liberdade de concorrência, que entre nós, como sabido, tem assento constitucional (CF, art. 170).
>
> É preciso, com efeito, que a obrigação de não concorrência defina o tipo de atividade sobre a qual incide (...).
>
> Não basta, porém, que se defina o objeto dessa obrigação de não-concorrer. Importa, ainda, que ela seja limitada no tempo, ou no espaço. Estas duas últimas restrições podem ser cumuladas, mas é indispensável que exista pelo menos uma. Quando a causa da interdição de concorrência prende-se, sobretudo, à pessoa do empresário, é normal que se estabeleça uma limitação no tempo, pois a clientela pessoal tende a se dispersar no curso dos anos. Mas se a razão de ser

[94] COELHO, Fabio Ulhoa. Curso de Direito Comercial. Vol 1, 2ª ed. São Paulo: Saraiva, 1999, p. 237.

[95] COELHO, Fabio Ulhoa. Curso de Direito Comercial. Vol 1, 2ª ed. São Paulo: Saraiva, 1999, p. 237-238

> da estipulação é a concorrência espacial entre estabelecimentos, o que importa é a fixação de uma distância mínima de separação entre eles, a prevalecer sem limitação de tempo.[96]

Mas não é só. A sua aplicação deriva da própria ideia de franquia. Segundo Adalberto Simão Filho:

> A circular deverá ser clara no sentido de assinalar e dimensionar qual será a situação do franqueado após a expiração do contrato de *franchising*, não só no que tange as autorizações dos direitos para uso de marca ou patente, como também know how ou segredo de indústria a que teve o franqueado acesso (art. 3º, XIV, a).
>
> Neste prisma, deverá a circular dispor sobre a existência da cláusula de não-concorrência, durante o curso do contrato e, durante determinado período, a título de restrição para a implementação de atividade concorrente ao franqueador, após o término do contrato (art. 3o, XIV, b), bem como das consequencias efetivas da não-observação desta cláusula.[97]

Conforme já se deixou muitíssimo claro, a limitação temporal e territorial de não concorrência é perfeitamente válida e aplicável em nome da proteção que merece o franqueador, que licenciou sua marca, prestou seus serviços, divulgou informações confidenciais sobre o sistema e principalmente, transmitiu eficientemente seu *know how* à franqueada.

Nesse sentido, o Desembargador José Tarciso Beraldo, na apelação nº 9108453-92.2007.8.26.0000, dispôs que:

> Observa-se, então, que a celebração de distrato com a chamada cláusula de "não concorrência" nada tem de irregular.
>
> De acordo com tal disposição, uma das partes compromete-se a não realizar as mesmas atividades da outra, por possuir conhecimentos privilegiados de técnicas produtivas, treinamento, maquinário e qualquer outro aspecto distintivo de determinada empresa.

[96] COMPARATO, Fábio Konder. As Cláusulas de Não-Concorrência nos "Shopping Centers". in RDM n.º 97, pp. 27 e 28.

[97] SIMÃO FILHO, Adalberto, Franchising: aspectos jurídicos e contratuais. 2ª ed. – São Paulo: Atlas, 1997, p.109

Trata-se, pois, de medida comum no ramo empresarial em que o segredo do sucesso do negócio muitas vezes está relacionado à forma única com que se insere no mercado.

Em contratos de franquia e especialmente em distratos, tal cláusula é ainda mais usual, uma vez que é oferecido ao franqueado acesso privilegiado às informações da atividade da franqueadora e que a tornam uma interessante opção de negócio.

No caso, o apelante, após ficar insatisfeito com os serviços da apelada, rescindiu o contrato de franquia que havia assinado, celebrando distrato em que se comprometeu a manter "a mais estrita confidencialidade em relação ao conteúdo de todas as instruções ou quaisquer informações que haja recebido da 5 À SEC ou de que haja tomado conhecimento em decorrência da relação contratual ora rescindida" (item I da cláusula segunda – fls. 72).

Além disso, dispôs-se expressamente, pelo prazo de dois anos, a não atuar, por qualquer forma, "no mesmo segmento de mercado da 5 À SEC (...) exceto na hipótese de obter anuência prévia ...", o que,todavia, não fez (item III da cláusula segunda – fls. 72).

Como se nota dos autos, em 09-10-2003, o apelante constituiu uma nova empresa de lavanderia e adquiriu o estabelecimento localizado em Alphaville (fls. 129/140).

Tal procedimento, registre-se, deu-se quatorze meses da data do distrato, o que evidentemente representa claro descumprimento contratual: há regulamentação legal para a franquia, com previsão de direitos e obrigações para ambas as partes (Lei n0 8.955/94) e é insita a tal atividade a manutenção de mais absoluta lealdade e boa-fé de parte a parte.

Por outro lado, deve-se observar que a tese do apelado de que a cláusula de não concorrência seria nula em virtude da falta de limitação geográfica não pode ser acolhida.

Embora se reconheça que, em regra, tal cláusula deva ser limitada temporal e geograficamente, neste caso concreto, não há como se reconhecer abusividade.

Como bem apontado, pelo MM. Juízo de Primeiro Grau, o apelante, ao adquirir o estabelecimento em que atua, impôs a mesma cláusula à "vendedora e seus sócios", prevendo, inclusive, restrição temporal maior, isto é, de cinco anos (cláusula décima – fls. 136).

Desta maneira, não só estava ciente de que a "concorrência mútua" era prejudicial aos negócios, como também procurou impô-la quando se viu em posição semelhante a da apelada.

No mais, todavia, o recurso vinga.

De acordo com o art. 413 do Cód. Civil, "A penalidade deve ser reduzida equitativamente pelo juiz se a obrigação principal tiver sido cumprida em parte, ou se o montante da penalidade for manifestamente excessivo, tendo-se em vista a natureza e a finalidade do negócio."

No caso, o descumprimento da cláusula de não concorrência ocorreu após mais da metade do prazo previsto, ou sejam, quatorze dos vinte e quatro meses inicialmente estabelecidos.

Além disso, não se demonstrou cabalmente que a lavanderia do apelante utilizava-se mesmo das técnicas ensinadas aos franqueados.

Nota-se, aliás, que as fotografias da fachada do estabelecimento indicam uma clara diferenciação dos traços arquitetônicos e sinais visuais (fls. 77/88).

Da mesma maneira, a localização da loja em município distinto daquele em que funcionou a franquia "5 À SEC" do apelante – está em São Paulo e aquela em Barueri – deve ser levada em consideração.

Por outro lado, tendo em vista a finalidade da multa e o comportamento do infrator, a redução não pode ser tanta a ponto de estimular o descumprimento contratual.

Assim, e sopesadas tais circunstâncias, o valor deve ser fixado em R$ 35.000,00 (trinta e cinco mil reais).[98]

[98] Ementa: CONTRATO - Franquia - Celebração de distraio - Cláusula de não concorrência - Inexistência de limitação territorial - Admissibilidade - Franqueado que impõe cláusula semelhante a vendedores de seu novo estabelecimento - Prática de atividade concorrente - Inteligência do disposto na Lei n° 8.955/94 - Cláusula penal - Multa - Aplicação, embora de forma reduzida, tendo em vista as características do caso - Inteligência do art 413 do CC. JUROS - Moratórios - Incidência de 12% ao ano, na forma do disposto no art. 406 do Código Civil - Sentença que mandou aplicar a "taxa SELIC" reformada - Apelação parcialmente provida. (BRASIL. Tribunal de Justiça de São Paulo. 9108453-92.2007.8.26.0000 Apelação / Franquia - Relator(a): José Tarciso Beraldo - Comarca: São Paulo - Órgão julgador: 14ª Câmara de Direito Privado - Data do julgamento: 26/03/2008 - Data de registro: 24/04/2008 - Outros números: 7187395500, 991.07.067064-2)

E não é só. Os desembargadores da 15ª Câmara de Direito Privado do Tribunal de Justiça de São Paulo, no Agravo de Instrumento nº 0087724-62.2011.8.26.0000 destacaram que a restrição à não concorrência é justificada à luz do principio da autonomia da vontade das partes:

> Justifica-se essa restrição, assumida pelos agravados à luz do princípio da autonomia da vontade, uma vez que o contrato de franquia estabelece uma relação de íntima parceria na atividade objeto do contrato, muito semelhante à "affectio societatis", que dá forma e estrutura a todo o edifício do direito societário.1 Parece razoável que o franqueador procure proteger-se desde logo contra atividade concorrente que possa ser desenvolvida pelo franqueado, que, após o acesso amplo à tecnologia e "know-how" desenvolvidos pelo franqueador, venha a estabelecer-se em concorrência direta ou indireta ao franqueador e à própria rede de franquias, tanto que encerrada a primitiva relação contratual mantida com o franqueador. Legítima, portanto, a limitação de 02 anos imposta pela cláusula supra transcrita, que pode ser reconhecida no âmbito da tutela antecipada, evidenciado nitidamente o perigo de dano acaso concedida a final. Adiar essa vedação ao franqueado pode representar, em tese, um financiamento à nova atividade do franqueado, que, inadimplente, apropria-se de valores que deveriam ter sido pagos ao franqueador, para abrir um novo e rentável negócio concorrente. A jurisprudência tem prestigiado esse entendimento:
>
> "CLÁUSULA PENAL. Cláusula de não concorrência inserida em termo de confidencialidade celebrado entre as partes Alegação de violação ao art. 170, inciso IV e parágrafo único, da C.F., e de desproporcionalidade em relação ao objeto do contrato e aos prejuízos Violação contratual demonstrada nos autos Penalidade válida e paritariamente pactuada Instituto jurídico que atua como meio de coerção e também como forma de prefixação de danos Desnecessidade de que o contratante inocente demonstre os prejuízos sofridos Inaplicabilidade do art. 413 do Código Civil em razão do vulto do negócio jurídico e do desrespeito ao princípio da boa-fé objetiva por parte dos apelantes Recurso improvido." (24ª Câmara de Direito Privado Rel. Des. ROMULO RUSSO, j. 31.03.2011)

> "TUTELA ANTECIPADA. CONTRATO DE FRANQUIA (*FRANCHISING*) Insurgência contra decisão que deferiu a antecipação da tutela, a fim de vedar o exercício, pela franqueada, da mesma atividade da franqueadora Existência de cláusula de não concorrência Possibilidade Lesão ao art. 170, IV, da Constituição Federal não configurada Recurso não provido." (18ª Câmara de Direito Privado Rel. Des. RUBENS CURY, j. 04.05.2.011) [99]

É de suma importância ressaltar que o novo Código Civil, analogamente, em seu art. 1147 prevê expressamente a proteção do estabelecimento comercial e sua clientela, a qual se formou em razão de seu nome empresarial, do seu ponto comercial, das marcas e produtos. Confira-se: "Não havendo autorização expressa, o alienante do estabelecimento não pode fazer concorrência ao adquirente, nos cinco anos subsequentes à transferência".

Nesse sentido Marcelo Andrade Féres, citando Silvio de Salvo Venosa ensina que:

> A propósito, o ordenamento, de modo geral, ao resguardar contratos bilaterais que importam transmissão de propriedade ou de posse de bens, prevê uma série de garantias visando a assegurar a idoneidade do objeto negociado. A esse respeito, SILVIO DE SALVO VENOSA afirma: 'O alienante deve garantir ao adquirente que ele possa usufruir da coisa conforme sua natureza e destinação. Essa obrigação resulta do princípio da boa-fé que deve nortear a conduta dos contratantes. Essa modernidade de garantia, que sucede a entrega da coisa, assume três diferentes facetas. De plano, deve o transmitente da coisa abster-se de praticar qualquer ato que implique

[99] AGRAVO DE INSTRUMENTO. CONTRATOS DE FRANQUIA EMPRESARIAL. Rescisão pela franqueadora por inadimplência da franqueada. Liminar deferida para devolução de materiais, bens e equipamentos cedidos em comodato a franqueada, descaracterização dos pontos comerciais e cessação do uso das marcas da franqueadora. Cláusula de não concorrência pelo prazo de 02 anos. Uma vez operada a rescisão contratual, mediante regular notificação extrajudicial, possível a extensão da liminar, em prestígio da cláusula de não concorrência após o término da relação contratual. Precedentes. Decisão reformada. Recurso provido (BRASIL. Tribunal de Justiça de São Paulo. Agravo de Instrumento nº 0087724-62.2011.8.26.0000. Relator ADHERBAL ACQUATI. 15ª Câmara de Direito Privado do Tribunal de Justiça de São Paulo)

turbação do direito transmitido. Como consequência dessa obrigação, deve também evitar que o adquirente seja turbado no exercício do direito por atos espoliativos emanados de terceiros, decorrentes de causas anteriores à transmissão. Se esse terceiro triunfa, e obtém a coisa para si, o alienante tem a obrigação de indenizar o adquirente pela perda. Finalmente, o alienante deve assegurar a materialidade idôneo da coisa, garantindo o adquirente de vícios ocultos.'

Entre essas garantias, normalmente, é arrolada a responsabilidade do transmitente pelos vícios redibitórios e pela evicção. Em ambos os casos, a ordem jurídica quer ensejar o pleno gozo da coisa pelo seu adquirente.

Na hipótese específica do trespasse, além dessas garantias, alguns costumam arrolar a cláusula de interdição da concorrência, por meio da qual o alienante do estabelecimento assume a obrigação de não concorrer com o correlato adquirente. Outros preferem associá-la ao principio da boa-fé.

Trata-se de uma cláusula consuetudinariamente consagrada no contrato de trespasse. Essa avença visa à tutela da clientela, atribuindo um não-fazer ao alienante do estabelecimento. A rigor, observe-se, não há uma titularidade sobre a clientela a ser transferida; ela não se reduz a um bem, não podendo, consequentemente, ser objeto de cessão. Todavia, a vedação de concorrência torna idônea a possibilidade de a clientela permanecer atrelada à azienda negociada.

Estudando tal cláusula, JORGE MANUEL COUTINHO DE ABREU assinala que variados são os seus fundamentos apontados pela doutrina, como o princípio da boa-fé na execução dos contratos, o principio da equidade, os usos do comércio, a concorrência leal, a garantia contra a evecção e o deve de o alienante entregar a coisa alienada e assegurar o gozo específico dela. Ao analisar o tema no direito português, em que não há previsão expressa, o citado doutrinador afirma a vigência da cláusula. Ele conclui que, com alguma tradição, entre os portugueses, parece ser preferível fundamentar a interdição da concorrência no dever de o trespassante entregar a coisa alienada e assegurar o seu gozo pacífico.[100]

[100] FERES, Marcelo Andrade. Estabelecimento empresarial: trespasse e efeitos obrigacionais. São Paulo: Saraiva, 2007, p.151 e 152

Assim, se o alienante de estabelecimento comercial está proibido dentro do período de 05 anos a concorrer com o adquirente, o mesmo pode e deve se aplicar ao contrato de franquia, vez que a formação da clientela numa unidade franqueada se deu em função da marca do franqueador, e não ao fundo de comércio da empresa franqueada, e que, aliás, formou-se em razão daquela, de forma a amenizar a pressão sofrida pelos administradores da sociedade ora demandada.

Comenta este artigo do código civil o jurista Ricardo Fiúza:

> A hipótese tratada na norma é denominada doutrinariamente cessão da clientela. Junto com o estabelecimento comercial e seus tributos, a alienação ou arrendamento abrange a clientela que normalmente com ele realizava negócios, em razão de seu nome empresarial, do seu ponto comercial, das marcas de seus produtos e de outros elementos corpóreos e incorpóreos que servem de referencial para a prática mercantil. [101]

Como bem se vê, resta claro e indubitável que a cláusula contratual que contém um prazo e um território definidos está absolutamente compatível com uma relação de contrato de franquia, que deve ser protegida em nome da continuidade desta modalidade de contrato no mundo jurídico, bem como com as disposições legais do Código Civil a esse respeito, bem como ao princípio da boa-fé e da função social do contrato.

Obviamente que se a Franqueadora não restringir a não concorrência a um determinado território e um determinado prazo, a cláusula será abusiva e poderá ser questionada pelo franqueado.

Assim ensina Adriana Mandin Theodoro de Mello que:

> Enfim, ainda que haja contribuição econômica, pessoal e financeira por parte do franqueado, a clientela é conquistada em conjunto, mas em beneficio do franqueador, seu único titular (...) Se a atração da freguesia se dá com os recursos humanos e financeiros do franqueado, a verdade é que tais esforços estão voltados a disseminar o nome, a imagem, os produtos, bens ou serviços do franqueador, e assim a engrossar-lhe a clientela. Tem-se, destarte, a formação da

[101] FIÚZA, Ricardo. Novo Código Civil Comentado. São Paulo: Saraiva 2002,, p.1025.

> clientela em prol do franqueador com o próprio fim econômico do contrato. [102]

Note-se, então, que a clientela esta ligada mais ao nome comercial, à marca e aos produtos e serviços ali realizados que ao próprio ponto comercial, daí ser comum o entendimento que, em um contrato de franquia a clientela está atrelada à Franqueadora e o fundo de comércio ao franqueado. Nesse sentido, ANA CLAUDIA REDECKER trata a importância da transferência de *know how* nos contratos de franquia:

> Dentre as cláusulas essenciais cita-se a que regula a utilização, transferência ou cessão do know-how e da marca pelo franqueador ao franqueado. Salienta-se esta cláusula porque a marca e o know-how detidos pelo franqueador correspondem ao resultado de um longo e preciso trabalho, verificado e formatado, que permitem a sua validade técnica e comercial e que colocam o franqueado no mercado com uma vantagem notável em relação aos comerciantes independentes.
>
> (...)
>
> Pela jurisprudência se verifica que uma vez rescindido o contrato de franquia empresarial, tendo sido inserido na mesma cláusula que proíba o franqueado de exercer a mesma atividade do contrato pelo período fixado de um ano, exercendo-a, infringe o contrato, fazendo a franqueadora jus à indenização nos termos estabelecidos no mesmo (ou seja, multa, acrescida de juros e correção monetária até o efetivo pagamento)"..."Esta cláusula contratual se estende para além da resolução, consistindo numa das características dos deveres ligados á boa-fé objetiva que será analisada minuciosamente no capítulo 4. [103]

Por tudo isso, se a cláusula contratual não for abusiva, ou seja, sem um território e um prazo razoável, é comum verificar-se a concessão da tutela antecipada para que as referidas cláusulas contratuais sejam devidamente cumpridas pelos franqueados, pois sem o fechamento da unidade fran-

[102] MELLO, Adriana Mandin Theodoro de. Franquia Empresarial. 1ª ed., São Paulo: Editora Forense, 2001, pp.141-144.

[103] REDECKER, Ana Claudia. Franquia Empresarial. 1ªed., São Paulo: Memória Jurídica Editora, 2002. P. 51 e 52

queada, a Franqueadora pode suportar prejuízos irreparáveis, como abalo da credibilidade frente ao mercado consumidor, entraves e reclamações de fornecedores, descrença na marca explorada.

Nesses termos, é possível encontrar inúmeras decisões judiciais[104].

[104] "Apelação Cível. Contrato de Franquia. "Cláusula de quarentena". Viabilidade Jurídica. Boa-fé. É perfeitamente viável a previsão de período de "quarentena", imposto ao franqueado, logo após a resolução do negócio jurídico de franquia. No caso concreto, o período previsto é de um ano, com estabelecimento de multa para hipótese de infração á regra. Apelação desprovida". (BRASIL. Tribunal de Justiça do Rio Grande do Sul. Apelação Cível nº 597023191, 6ª Câmara Civil do Tribunal de Justiça do Rio Grande do Sul, Relator Antonio Janyr Dallágnol Junior, 18/03/97)"
Franquia Partes que celebraram pré-contrato relativo à produção e comercialização de cartuchos remanufaturados Franqueado que, após o prazo do pré-contrato e aquisição do know-how, recusou-se a celebrar o contrato definitivo, perseverando, contudo, no desenvolvimento da mesma espécie de atividade, sem pagamento dos royalties cabíveis Descumprimento da avença e inobservância da boa-fé objetiva Rescisão que se impõe, com condenação do franqueado ao pagamento de cláusula penal reduzida para R$ 40.000,00 Apelo do réu provido, em parte (reduzir a multa para R$ 20.000,00) e recurso adesivo da autora não provido. (BRASIL. Tribunal de Justiça de São Paulo. Apelação 8489-18.2009.8.26.0032. Relator Enio Zuliani. Comerca: Araçatuba. Câmara Reservada de Direito Empresarial. Data do Julgalmento 8/11/2011 TJ SP)
INDENIZAÇÃO - Franquia - Serviços de limpeza especializada - Franquia LIMPIDUS - Celebrou-se entre as partes o contrato de franquia de fls. 42/58 - Todavia, os Réus não descumpriram o contrato de franquia firmado, pois, após constituir a empresa L/SP 56 ADONAI, mas, visando à pratica da concorrência desleal, com a colaboração de sua mãe e de seu irmão, criaram a empresa RWA, desviando a clientela daquela empresa para esta, em nitido prejuizo às empresas autoras - Assim, a constituição de outra empresa, não vinculada às autoras pelos vínculos da franquia, ofertando iguais serviços e atuando em igual área, com administração de fato pelo co-réu MARCO ANTÔNIO, resultou em inquestionável desvio de clientela oriunda do contrato de franquia, recorrendo-se a meio expressamente vedado em contrato, sendo inquestionável que houve violação das obrigações de não concorrência previstas em contrato de franquia - Obrigações dos Réus no pagamento das indenizações pleiteadas - Recurso não provido (BRASIL. Tribunal de Justiça de São Paulo. Apelação 9094216-82.2009.8.26.0000 Relator Paulo Hatanaka, 19ªCâmara de Direito Privado. Data do Julgamento 09/3/2010. TJ SP)
EMENTA: APELAÇÃO CÍVEL. MARCA E NOME COMERCIAL. RIOMED. CONCORRÊNCIA DESLEAL. INDENIZAÇÃO. AGRAVO RETIDO. INTERESSE RECURSAL. AGRAVO RETIDO. Ausente o interesse recursal quanto à decisão de emenda da inicial para adequar o valor da causa. Caso em que houve o aditamento, com o que a competência passou do Pretor para o Juiz de Direito. MÉRITO. Conjunto probatório que evidencia a titularidade, pela autora, do nome e da marca RIOMED. Concorrência desleal da requerida, pela utilização do mesmo elemento identificador para oferecer serviços de idêntico ramo. Cabimento de indenização, fixado também prazo para substituição do nome e da marca RIOMED pela demandada. AGRAVO RETIDO NÃO-CONHECIDO. APELAÇÃO PROVIDA

Relatados e discutidos os autos da Apelação nº 0008489-18.2009.8.26.0032, os Desembargadores da Câmara Reservada de Direito Empresarial do Tribunal de Justiça de São Paulo entenderam que o franqueado deveria ser condenado ao pagamento da cláusula penal.

> Não cabe prover o agravo retido e que foi objeto de reiteração, porque não existem motivos sérios para censura do acolhimento das contraditas das testemunhas arroladas, principalmente por ser incontroverso tratar-se de ex-franqueadas que contendem com a franqueadora em razão de contratos semelhantes. Ademais, essas pessoas foram ouvidas como informantes e essa prova foi valorada de acordo com os demais elementos probatórios, fato que afasta qual-

PARCIALMENTE. (BRASIL. Tribunal de Justiça do Rio Grande do Sul. Apelação Cível Nº 70011885332, Sexta Câmara Cível, Tribunal de Justiça do RS, Relator: Ubirajara Mach de Oliveira, Julgado em 21/09/2005)
OBRIGAÇÃO DE NÃO FAZER - Sentença - Antecipação de tutela nela - Alienação de estabelecimento comercial e abertura desautoriza doutro, pelos vendedores - Concorrência desleal - Lacração do novo estabelecimento consumada - Apelação no duplo efeito - Impossibilidade de suspensão de ato realizado - Presença dos requisitos da tutela antecipada (art. 273, Código de Processo Civil - CPC), tanto quanto daqueles do art. 461, caput e parágrafos terceiro e quinto, desse Código - Efeitos jurídicos decorrentes da atual redação do art. 520, VII, desse - Recurso desprovido. (BRASIL. Tribunal de Justiça de São Paulo. Agravo de Instrumento n. 365.703-4/6 - Pedreira - 1ª Câmara de Direito Privado - Relator: Vicentini Barroso - 01.03.05 - V.M - TJ SP.)
TUTELA ANTECIPADA – Ação para cumprimento de obrigação de fazer – Sentença confirmatória da decisão concessiva da tutela antecipada que ordenou à agravada que observasse a cláusula de não-concorrência em relação às lojas assumidas – Efeito suspensivo outorgado ao apelo da agravada que não retira a eficácia da tutela antecipada quanto a esse aspecto – Decisão que deve surtir efeito de imediato – Recebimento do apelo, relativamente à parte da sentença que confirmou o deferimento da tutela antecipada, somente no efeito devolutivo – Recurso parcialmente provido. (BRASIL. Tribunal de Justiça de São Paulo. Agravo de Instrumento n. 7.095.730-7 – São Paulo – 23ª Câmara de Direito Privado – Relator: José Marcos Marrone – 22.11.06 – V.U. – Voto n. 5.446)
"Apelação Cível. Contrato de Franquia. "Cláusula de quarentena". Viabilidade Jurídica. Boa-fé. É PERFEITAMENTE VIÁVEL A PREVISÃO DE PERÍODO DE "QUARENTENA", IMPOSTO AO FRANQUEADO, LOGO APÓS A RESOLUÇÃO DO NEGÓCIO JURÍDICO DE FRANQUIA. No caso concreto, o período previsto é de um ano, com estabelecimento de multa para hipótese de infração á regra. Apelação desprovida". (BRASIL. Tribunal de Justiça do Rio Grande do Sul. Apelação Cível nº 597023191, 6ª Câmara Civil do Tribunal de Justiça do Rio Grande do Sul, Relator Antonio Janyr Dallágnol Junior, 18/03/97)"

quer ideia de prejuízo para o processo ou para os litigantes. Sem prejuízo não há nulidade.

O requerido não tem razão quanto ao desate do mérito, embora caiba diminuir o montante da pena pecuniária. Também não lhe socorre a Lei 1060/50, porque não existe certeza de sua miserabilidade, sendo que o fator de ter movimentação negativa em uma determinada conta bancária, não significa pobreza que o impeça de recolher as taxas judiciárias.

No tocante ao negócio jurídico celebrado, destaque-se doutrina de FÁBIO ULHOA COELHO (Manual de Direito Comercial, 21 ed., São Paulo: Saraiva, 2009, p. 439-441), "a franquia é um contrato pelo qual um empresário (franquiador franchisor) licencia o uso de sua marca a outro (franqueado franchisee) e presta-lhe serviços de organização empresarial, com ou sem venda de produtos. Através deste tipo de contrato, uma pessoa com algum capital pode estabelecer-se comercialmente, sem precisar proceder ao estudo e equacionamento dos aspectos do empreendimento, basicamente os relacionados com a estruturação administrativo, treinamento de funcionários e técnicas de marketing. Isto porque tais aspectos encontram-se devidamente equacionados pelo titular de uma marca de comércio ou serviço e ele lhe fornece os subsídios indispensáveis à estruturação do negócio".

E prossegue: (...) "costuma-se atribuir aos franquiados o seguinte conjunto de encargos: a) o pagamento de uma taxa de adesão e de um percentual do seu faturamento; b) o pagamento pelos serviços de organização empresarial fornecidos pelo franquiador; c) a obrigação de oferecer aos consumidores apenas os produtos ou serviços da marca do franquiador, por ele fabricados, aprovados ou simplesmente indicados; d) observar, estritamente, as instruções e o preço de veda ao consumidor estabelecidos pelo franquiador. Por seu turno, o franquiador tem, normalmente, as seguintes obrigações: a) permitir ao franquiado o uso de sua marca; b) prestar os serviços de organização empresarial".

Na hipótese, as partes celebraram em 27.12.2007 um pré-contrato de franquia pelo qual a autora passou ao requerido (que depois constituiu a empresa "Angélica Aparecida Alves Pereira Secco e Cia.

Ltda.") know-how para reaproveitamento e comercialização de cartuchos e toners para impressoras (fls. 21/27).

Porém, as provas documentais e testemunhais deixaram claro que o réu descumpriu o que foi avençado, na medida em que, após o transcurso de um ano e da aquisição da técnica da franqueadora, não celebrou o contrato definitivo como previsto na cláusula 26 (fl. 26), embora continuasse comercializando os produtos sem o pagamento dos percentuais acordados. Ademais, uma das testemunhas relatou que o réu também violou a cláusula de exclusividade (cláusulas 3ª, 7ª e 23), vez que estava vendendo mercadorias com selo de identificação diverso do da franqueadora (fl. 164).

O não confirmar o contrato foi uma estratégia para usurpação da técnica operacional e da reputação comercial. MARIA HELENA DINIZ lembrou que a onerosidade do contrato de franquia é a regra porque "o franqueado deverá pagar ao franqueador não só uma taxa de filiação pela concessão da franquia, mas também importâncias suplementares, consistentes em porcentagens sobre os produtos vendidos, que diminuirão os lucros do franqueado e representarão a remuneração do franqueador pela concessão de suas marcas na comercialização dos produtos" (Curso de Direito Civil Brasileiro, 27ª edição, Saraiva, 2011, vol. 3, p. 772).

A não celebração do contrato definitivo é um fator secundário e não reflete uma solução pensada e refletida, após avaliação dos riscos e vantagens do negócio. O requerido recusou o fechamento, não porque receava o prejuízo, mas, sim, porque desejava seguir independente, aproveitando da técnica absorvida no período de avaliação, sendo que essa postura desleal ganha a relevância e caracteriza infração punível, apesar dos problemas da franquia, como denunciado por outros contratantes, que afirmaram: a franquia não rendeu o lucro projetado; tiveram prejuízo; que houve falha no suporte e concorrência da franqueadora, com oferta de produtos pela internet (fl. 228/230 e 245/248 e 270/271).

Bastava recusar, inclusive por uma notificação, e não mais praticar atividades similares. Ocorre que o requerido rompeu o vínculo (e claro, o repasse dos royalties) e prosseguiu na utilização do know-how adquirido com o pré-contrato, o que, além de violar a ideologia do negócio jurídico celebrado, afeta a lealdade que deve guiar as relações contratuais. Admitiu o réu em sua contestação (fl. 79) que jamais atuou no comércio e muito menos na área de equipamentos de informativa, eis que era engenheiro agrônomo. Por outro lado, é fato que a comercialização dos cartuchos e toners foi mantida por ele (sem os devidos selos de identificação da franqueadora) após o prazo do précontrato (um ano), só que sob o nome de "Life Cartuchos e Toners", ao invés de "Refil Cartuchos e Toners" fl. 58.

Logo, a alegação de falta de rentabilidade não pode amparar o franqueado, mesmo porque a lucratividade abaixo do esperado decorre de inúmeros fatores e nem sequer poderia ser imputada inteiramente à franqueadora.

A tese de que a circular de franquia não tinha a transparência necessária e não veio acompanhada de balancetes tampouco socorre o réu (art. 3º e 4º, da Lei 8.955/94). Competia ao franqueado avaliar os riscos do negócio, o investimento, a concorrência, o mercado consumidor de sua área de atuação.

Ademais em nenhum momento anterior o requerido alegou a invalidade da avença ou requereu eventual complementação de documentos, estando superado qualquer vício pela própria execução do contrato. Da mesma forma, inexiste prova de que o réu agiu como se tivesse desfeito o acordo, de que tentou expor as deficiências do negócio à franqueadora ou adaptar os termos do contrato definitivo, bem como de que comunicou as razões pelas quais não tinha mais interesse na franquia.

Nesse panorama e considerando que o réu é um engenheiro, mostra-se inverossímil a tese de que foi ludibriado pela autora quanto à lucratividade do negócio. A omissão do franqueado quanto ao rompimento do vínculo aliado ao fato de que deu continuidade nos meses seguintes ao negócio com o know-how da franqueadora indica evidente tentativa de se beneficiar da própria torpeza. Ademais e como citado por RICARDO LUIS LORENZETTI (Contratos Parte Especial, Buenos Aires, tomo I, p. 300) o franqueado só ganha direito de obter benefícios com eventual frustração das expectativas do negócio em tendo ocorrido uma omissão imperdoável do franqueador ou propaganda enganosa, como quando se ocultam os fracassos, valorizando somente as franquias com êxito, por constituir engodo.

Forçoso admitir que a autora não se vinculou a nenhum tipo de informação falsa ou fraudulenta.

A alegação de que o pré-contrato foi revogado automaticamente após um ano em virtude das desvantagens do negócio é totalmente contraditória com a manutenção das atividades. E se o réu reputou o contrato findo ao término de um ano (logo, em 21.12.2008), por qual razão, por exemplo, só devolveu máquina de recarga de cartucho depois de notificado, em 14.03.2009 (fl. 55)?

Também é inadmissível o réu sustentar sua ilegitimidade passiva sob o pretexto de que, no curso do contrato, a autora estava negociando com a pessoa jurídica "Angélica Aparecida Alves Pereira Secco e Cia. Ltda.", e não mais com ele. Está claro que referida sociedade foi criada pelo requerido, depois da celebração do pré-contrato e justamente para a comercialização dos equipamentos de informática. A constituição se deu em nome da genitora e do filho menor do franqueado, que permaneceu, obviamente, obrigado pelo negócio que em nome próprio firmou (fls. 21/27, 56, 63 e 103/104).

Evidenciado, pois, o desrespeito pelo franqueado ao princípio da boa-fé objetiva consagrado, no CC/02, no art. 422: "Os contratantes são obrigados a guardar, assim na conclusão do contrato, como em sua execução, os princípios de probidade e boa-fé". A franquia é um contrato de boa-fé, afirmou FRAN MARTINS (Contratos e obrigações comerciais, Forense, 5ª edição, 1977, p. 596).

Sobre o assunto, inclusive, esclarece CAIO MÁRIO DA SILVA PEREIRA (Instituições de direito civil, Vol. III, 11ª ed., Rio de Janeiro, Forense, 2004, p. 20): "Esqueceu-se o legislador de incluir expressamente na fórmula do art. 422 os períodos pré e pós-contratual, dentro dos quais o princípio da boa-fé tem importância fundamental para a criação de deveres jurídicos para as partes, diante da inexistência nessas fases de prestação a ser cumprida. Essa omissão não implica negação da aplicação da regra da boa-fé para essas fases antecedente e posterior ao contrato, muito pelo contrário, já que cabe aqui a interpretação extensiva da norma para abranger também as situações não expressamente referidas, mas contidas em seu espírito" (...) "A boa-fé objetiva serve como elemento interpretativo do contrato, como elemento de criação de deveres jurídicos (dever de correção, de cuidado e segurança, de informação, de cooperação, de sigilo, de prestar contas) e até como elemento de limitação e ruptura de direitos (proibição do venire contra factum proprium, que veda que a conduta da parte entre em contradição com conduta anterior, do inciviliter agere, que proíbe comportamentos que violem o princípio da dignidade human, e da tu quoque, que é a invocação de uma cláusula ou regra que a própria parte tenha violado)".

No caso, portanto, as partes celebraram espécie de contrato preliminar e o que se verifica é que, ao negar a celebração do contrato definitivo, o franqueado agiu de forma desleal, omitindo informações transparentes sobre o rompimento do vínculo, enquanto prosseguia na utilização da técnica adquirida.

Logo, a incidência da cláusula penal compensatória era de rigor. Sobre a temática do contrato de franquia, destaque a jurisprudência da Corte:

"AÇÃO DE RESCISÃO CONTRATUAL INADIMPLEMENTO CONTRATUAL - Contrato de Franquia - Natureza comercial - Inaplicabilidade do Código de Defesa do Consumidor Pré-contrato de franquia - Prorrogação tácita - Documentos juntados que comprovam o descumprimento do contrato de franquia - Descumprimento de cláusulas a autorizar a rescisão contratual - Multa – Não comprovada a existência de fato impeditivo, modificativo ou extintivo do direito da autora - Ônus da prova que cabia as rés nos termos do art. 333, II, do CPC Sentença mantida - RECURSO DESPROVIDO" (Apelação n° 9120071-39.2004.8.26.0000, SÉRGIO SHIMURA, 20.07.2011).

"CONTRATO DE FRANQUIA. Cessão de franquia. Ação de rescisão contratual c.c. indenização por perdas e danos. Com o prosseguimento do vínculo negociai, caberia às partes o cumprimento das obrigações que cada qual assumiu. Alegação de que a autora omitiu de forma dolosa, importante informação sobre os reais custos, faturamento e lucro da unidade franqueada. Irrazoabilidade. Cabia ao réu o estudo e a definição sobre a viabilidade do negócio, conforme estabelecido na cláusula 6, do pré-contrato. RESCISÃO UNILTERAL. O só fato de ter o franqueado interrompido por vontade própria o uso da franquia, deixa entrever a quebra unilateral, sem qualquer responsabilidade da autora (franqueadora)" (Apelação n° 7.009.349-5, JURANDIR DE SOUSA OLIVEIRA, 03.06.2008).

> Contudo, o valor fixado para a cláusula penal ainda está exagerado e não condizente com a regra do art. 413, do CC, competindo reduzir para R$ 20.000,00, mesmo que não tenha ocorrido impugnação específica. O juiz deve reduzir a verba excessiva e R$ 40.000,00 não soa como adequado diante do montante global da avença que não foi formalizada.

Na decisão à Apelação 9094216-82.2009.8.26.0000 os desembargadores da 19ª Câmara de Direito Privado do Tribunal de Justiça de São Paulo destacaram que:

> 4) O contrato de franquia foi introduzido no Direito Brasileiro através da Lei n. 8.955, de 15/12/1994, em cujo artigo 2º. Dispõe que: "Franquia empresarial é o sistema pelo qual um franqueador cede ao franqueado o direito de uso de marca ou patente, associado ou direito de distribuição exclusiva ou semiexclusiva de produtos ou serviços e, eventualmente, também ao direito de uso de tecnologia de implantação e administração de negócio ou sistema operacional desenvolvidos ou detidos pelo franqueador, mediante remuneração direta ou indireta, sem que, no entanto, fique caracterizado vinculo empregatício".
>
> Estabelece o artigo 6º., da referida Lei que: " O contrato de franquia deve ser sempre escrito e assinado na presença de 2 (duas) testemunhas e terá validade independentemente de ser levado a registro perante cartório ou órgão público."
>
> Segundo doutrina da Professora. Maria Helena Diniz: "a franquia, por não estar regulada em lei, reger-se-á por normas estipuladas em cláusulas contratuais de tipos variados, de acordo com aViatureza, a importância dos produtos e os interesses das partes. Não há um contrato standard para a franquia. Todavia, muitas dessas cláusulas já estão consubstanciadas em cláusulas padrão impressas, em função da prática dos negócios. Há cláusulas que são imprescindíveis para caracterizar a franquia, como as atinentes ao prazo do contrato, que varia de um a cinco anos; à delimitação do território, para que se saiba onde o franqueado poderá atuar com exclusividade; à determinação da localização, ou seja, do local onde se estabelecerá o franqueado; às taxas de franquia, devidas pela exploração e pelo

uso das marcas do franqueador, inclusive as suas insígnias e sinas de propaganda; às cotas de vendas". ("Tratado Teórico e Prático dos Contratos", vol. 4, p. 44).

É da essência desses contratos a reciprocidade das prestações; o compromisso assumido por uma das partes encontra sua exata correspondência no compromisso da outra; esses compromissos são correlativos e intimamente ligados entre si; cada um dos contratantes se obriga a executar, porque outro tanto lhe promete o segundo contratante; o sacrifício de um é contrabalançado pela vantagem advinda do outro.

Segundo lição do Professor Washington de Barro Monteiro: "O artigo 1.092 do Código Civil consagra dois princípios: a exceção do contrato não cumprido (exceptio non adimpleti contractus) e a admissão do inadimplemento contratual como condição resolutiva. Em virtude do primeiro, nos contratos bilaterais, nenhum dos contratantes, antes de cumprida sua obrigação, pode exigir o implemento da do outro (art. 1.092, "caput"). O mesmo artigo 1.092 encerra ainda o reconhecimento do inadimplemento contratual como condição resolutiva, o que é geralmente aceito e tido como justo e racional." ("Curso de Direito Civil" - "Direito das Obrigações", 2ª parte, 4ª edição Saraiva, 1965, p. 26 e 28).

5) Pelo conjunto probatório desenhado nos autos, deflui que a Autora foi ilaqueada em sua boa-fé (art. 422, do Código Civil de 2002), pois o réu MARCO ANTÔNIO, na qualidade de franqueado, assumiu obrigação de não concorrer com a autora, franqueadora, durante a vigência do contrato e até dois anos após a sua rescisão e essas obrigações estendem-se à L/SP 56 ADONAI, empresa constituída com o único propósito de executar obrigações assumidas no contrato de franquia, porquanto a última, ao receber materiais necessários para adequada prestação de serviços, com tecnologia franqueada, aderiu tacitamente aos termos do contrato de franquia.

Analisando os documentos trazidos a estes autos, é possível concluir que houve desvio de clientela da empresa L/SP 56 ADONAI para a RWA, em nítido prejuízo à empresa autora. A empresa RWA foi constituída como empresa civil em 2002, ou seja, em data posterior à constituição da ré L/SP 56 ADONAI e da assinatura do contrato de franquia, ambos em 31/10/2000. Demonstrado, ainda, que o administrador de fato da RWA é o réu MARCO ANTÔNIO. Assim, a existência de duas empresas com igual objeto social, atuando no mesmo endereço físico, consiste em inequívoco indício de confusão operacional entre elas. Existem provas de que ex-clientes da empresa L/SP 56 ADONAI, quais seja, GANG MUSIC, EDIFÍCIOS BIRMANN 11 e 12 e FOX FILM, deixaram de ser atendidos por ela e passaram a ser clientes da H2 OFFICE. Resta claro que a constituição da empresa RWA, formalmente desvinculada do réu MARCO ANTÔNIO, mas com idênticas características da empresa L/SP 56 ADONAI, consistiu em mecanismo utilizado para desviar a clientela que, por meio do contrato de franquia, estava vinculada às autoras. Ao utilizar esse mecanismo, o réu MARCO ANTÔNIO conseguiu se desvencilhar das obrigações previstas em contrato de franquia com as autoras. Os fatos demonstraram que o réu MARCO ANTÔNIO, com o auxílio de seu irmão e de sua mãe, constituiu a empresa RWA, que é administrada de fato pelo primeiro co-réu, com o intuito de desvio de clientela.

Com relação à concorrência desleal, comenta a doutrina: " O bem jurídico protegido, portanto, pela teoria da concorrência desleal é a correção profissional no mercado, sujeita ao critério de apuração trazido à baila, que se presta satisfatoriamente a dizer quando determinada prática negociai de um competidor é desleal, notadamente, se olharmos a abordagem da clientela ou do consumidor pela publicidade, cujo conteúdo deve ser veraz e explícito, conforme os princípios da veracidade e da identificação" (MARCO ANTÔNIO MARCONDES PEREIRA, "in" "Concorrência desleal por meio da publicidade" Ed. Juarez, p. 14).

E, também, FÁBIO ULHÔA COELHO: "... não é simples diferenciar-se a concorrência leal da desleal. Em ambas, o empresário tem o intuito de prejudicar concorrentes, retirando-lhes total ou parcialmente, fatias do mercado que haviam conquistado. A intencionalidade de causar dano a outro empresário é elemento presente tanto na concorrência lícita como na ilícita, Nos efeitos produzidos, a alteração na opções dos consumidores, também se identificam a concorrência leal e a desleal. São os meios empregados para realização dessa finalidade que as distinguem. Há meios idôneos e meios inidôneos de ganhar consumidores, em detrimento dos concorrentes. Será, assim, pela análise dos recursos utilizados pelo empresário, que se poderá identificar a deslealdade competitiva" ("in" Curso de Direito Comercial, vol. 1, Ed. Saraiva, 11a. edição, 2007, p. 191).

E, por fim, RUBENS REQUIÃO, acolhendo a posição de VAN RYN, divide os atos de concorrência desleal em: a) atos geradores de confusão; b) atos de desvio de clientela por processos artificiais; c) atos contrários à moralidade comercial". (Marco Antônio Marcondes Pereira, in Concorrência Desleal por meio de publicidade, Ed. Juarez, p. 16).

Nestes autos, os documentos corroboraram que o co-réu MARCO ANTÔNIO, franqueado, constituiu a empresa RWA com auxílio de sua mãe e de seu irmão para prestar os mesmos serviços da L/SP 56 ADONAI, desviando a clientela desta, autorizando, portanto, a rescisão dos contratos.

Com a violação dos deveres contratuais de franquia, procede o pedido de rescisão do contrato, ficando reconhecida a culpa do co-réu MARCO ANTÔNIO e da L/SP 56 ADONAI, os quais devem responder pela multa, perdas e danos e demais prejuízos.

Neste diapasão, correta e acertada a bem estruturada, concatenada e de refinada juridicidade r. sentença de fls. 270/277, prolatada pela sábia e inteligente Juíza de Direito - Dra. Maria Rita Rebello Pinho Dias, merecendo ser mantida.

Ao analisar o Agravo de Instrumento n. 365.703-4/6, por maioria os desembargadores da Primeira Câmara do Direito Privado do Tribunal de Justiça de São Paulo não deram provimento ao recurso, mantendo a lacração do novo estabelecimento que foi aberto desautorizado do outro.

Como visto na decisão de fls. 464/466, possível a concessão de tutela antecipada em sentença, da qual emergirão - pois - dois comandos: a) aquele que antecipa os efeitos da decisão definitiva; b) esta, em sua plenitude. O primeiro, a ensejar este recurso de agravo de instrumento; o segundo, apelação (no caso, recebida no duplo efeito). A respeito - mutatis mutandis (mudado do que preciso):

Tribunal de Justiça de São Paulo - TJSP. TUTELA - Antecipada - Deferimento na sentença - Recurso - Agravo de instrumento - Conhecimento. Embora, em regra, as decisões constantes da sentença sejam impugnáveis por apelação, deve-se admitir o agravo como recurso próprio da que nela concede a antecipação de tutela, pois, caso contrário, sua eficácia seria obstada pelo efeito suspensivo. (TJSP - AI n° 26.493-4 - Araçatuba - 10a Câm. de Dir. Priv. - Rei. Des. Maurício Vidigal - J. 19.11.96 - v.u). JUBI 6/97

Superior Tribunal de Justiça - STJ. TUTELA ANTECIPADA - Sentença. Se a tutela antecipada pode ser concedida a qualquer momento (art. 273 do CPC), antes mesmo da prova e do juízo final favorável à pretensão do autor, nada justifica impedir sua concessão depois da instrução e da sentença procedente do pedido, em decisão aos embargos declaratórios. (STJ - REsp. n° 279.251 - SP - Rei. Min. Ruy Rosado - J. 15.2.2001).

Aqui visa-se a que se conceda efeito suspensivo àquele primeiro comando, de molde a obstar antecipação dos efeitos da sentença. Abstração feita à questão da singularidade ou unicidade recursal (unirrecorribilidade) - (da qual se não apreciará), resta se perscrute, tão-só, da existência dos requisitos da tutela antecipada (ou, pelas particularidades do caso, de regra específica ao cumprimento de obrigação de fazer ou não fazer). Num e noutro casos, presentes aqueles. Sem que se entre, porque não se pode, no mérito da questão (objeto específico do recurso de apelação), processada a ação, o juiz concluiu pela existência de prova inequívoca (conseguintemente, pela relevância do fundamento da demanda) da verossimilhança da alegação da autora, tanto quanto de receio fundado de prejuízos consideráveis àquela, caso não antecipados os efeitos daquilo que decidiu (vide fls. 465, final - minha decisão). Outrossim, os estabelecimentos estão lacrados desde o início de julho de 2004 (fls. 436) - e assim deverão permanecer, em consonância com sobredita antecipação de tutela, até eventual decisão do recurso de apelação (ausente perigo de irreversibilidade da medida). Nisso, nada há de ilegal. Por fim, expressivo o art. 520, VII, do CPC (efeito meramente devolutivo da apelação, quanto à decisão de antecipação dos efeitos da tutela).

Marcelo Andrade Féres destaca elementos que devem estar presentes na cláusula de interdição de concorrência:

A propósito, na cláusula de interdição da concorrência, podem ser apontados os seguintes elementos: a) temporal; b) espacial; c) pessoal; e d) material. O primeiro deles, inclusive pelo disposto no art. 1.147 da codificação, é o temporal; inexistindo autorização expressa, nos cinco anos subsequentes ao trespasse do estabelecimento, o alienante não pode fazer concorrência com o adquirente. Portanto, a avença deve prever o prazo da vigência da obrigação de não fazer. Os contratantes podem estipular o lapso de um, dois, três, quatro, cinco anos ou mais. Contudo, observe-se, caso as partes elejam prazo diverso daquele previsto em lei, deverão elas ficá-los expressamente.

O segundo elemento indicado é o espacial; a negociação entabulada deve limitar o âmbito geográfico de eficácia da proibição de concorrência, sempre, lembre-se, visando a assegurar a idoneidade do estabelecimento como tal.

Quanto ao elemento pessoal, em princípio, ele diz respeito às partes signatárias do trespasse. Entretanto, conforme os dados do caso concreto, pode mostrar-se conveniente o arrastamento da vedação de concorrência sobre outras pessoas. Imagine-se, por exemplo, a hipótese de alienação de estabelecimento de sociedade empresária; o instrumento de trespasse pode atribuir aos seus administradores, bem como ao sócio controlador, a obrigação de não fazer concorrência ao trespassatário. A propósito, G. RIPERT e R. ROBLOT citam diversos arestos franceses, por meio dos quais a interdição de concorrência alcança terceiros, ainda que não haja cláusula expressa. Isso ocorre com herdeiros ou com dirigentes da sociedades, como no exemplo acima.

Ademais, podem ser lembrados os cônjuges casados sob o regime da comunhão universal de bens. Se um dos consortes aliena seu estabelecimento empresarial, por obvio, a vedação de concorrência comunica-se ao outro.

De qualquer sorte, incidindo a cláusula de interdição de concorrência sobre um negócio concreto, deve ela ser interpretada em atenção ao principio da proporcionalidade, pois encontram-se em conflito valores de teor constitucional. Na hipótese, a um só tempo, podem ser assinalados o direito de propriedade, a autonomia privada e a livre iniciativa.

> A obrigação de não concorrer deve apenas limitar a livre iniciativa do sujeito que aliena o estabelecimento; não pode ela suprimir totalmente qualquer possibilidade de atuação econômica do interessado, sob pena de ingressar na seara da inconstitucionalidade. A esse respeito, lembre-se a segunda parte do art. 2.557 do Código Civil italiano, que traz, de maneira expressa, alguns parâmetros interpretativos, ao estabelecer: (...).[105]

Além de ser pacífico o entendimento de que a cláusula de não concorrência deve ser respeitada pelo Franqueado, a jurisprudência segue no sentido de que tal cláusula deve ser respeitada pelo franqueado, ainda que a Franqueadora também esteja inadimplente[106]. Os magistrados destacaram que:

> A prova constante dos autos evidencia que ambas as partes violaram uma série de obrigações previstas no contrato de franquia, cada qual em sua medida. Em especial: a autora, ao autorizar a instalação de unidade franqueada a menos de 1 km de distância da dos réus, desrespeitando, assim, o limite territorial inerente ao negócio, e estes, por sua vez, ao se restabelecerem no mesmo local após o término do contrato, explorando o mesmo ramo de atividade, a despeito de proibição expressa neste sentido (fls. 58 e ss.; cls. 20 e ss.).

[105] FERES, Marcelo Andrade. Estabelecimento empresarial: trespasse e efeitos obrigacionais. São Paulo: Saraiva, 2007, p.159 e 160

[106] Direito empresarial. Ação declaratória cumulada com pedido de obrigação de não fazer e indenização por danos materiais. Descumprimento por parte dos réus do dever de não concorrência previsto no contrato. Autora, por sua vez, que viola os limites territoriais da unidade franqueada dos réus, permitindo o estabelecimento, naquele perímetro, de outra unidade. Multa contratual devida apenas pelos réus. Violações bilaterais do contrato, contando, cada ato, com sua própria gravidade. Arbitramento do valor da multa, considerada excessiva à luz da parcela do contrato que já havia sido cumprida e do valor da obrigação principal (arts. 412 e 413 do CC). Cláusula de não concorrência. Legalidade, no caso. Precedente desta Câmara Especializada. Sentença mantida por seus próprios fundamentos, reproduzidos na forma do art. 252 do RITJSP. Precedentes do STJ e STF. Apelo da autora e apelo dos réus a que se nega provimento. (BRASIL. Tribunal de Justiça de São Paulo. Apelação 0028009-84.2008.8.26.0068. Relator(a): Pereira Calças. Comarca: Barueri, Órgão julgador: Câmara Reservada de Direito Empresarial. Data do julgamento: 14/02/2012. Data de registro: 14/02/2012. Outros números: 2800984200882600068)

> E, embora as violações tenham sido bilaterais, cada ato conta com sua própria gravidade, não havendo que se falar em culpa concorrente, excludente mútua de responsabilidade.

Na apelação nº 0028009-84.2008.8.26.0068 acima referida, os magistrados ratificaram o entendimento do juiz de primeiro grau, que tinha entendido que a cláusula de não concorrência não viola a Constituição Federal, pois a concorrência deve ser exercida de acordo com as regras legais. Assim sendo, por haver desrespeito à cláusula de não concorrência, os franqueados foram condenados ao pagamento da multa contratual. Segundo os magistrados:

> No que se refere à previsão contratual que veda a participação dos réus, pelo prazo de dois anos contados do término do contrato, em "qualquer outro negócio congênere ao desenvolvido pela 5 À SEC e/ou pela rede de franquias", esta Câmara Reservada já se manifestou, em caso análogo, de relatoria do eminente Des. ÊNIO ZULIANI, que "não parece ser a hipótese de manipulação opressora para fins de dominação do mercado, sendo correto admitir, pelo princípio da razoabilidade, entender não ser excessivo o prazo de abstenção de atividade concorrente (dois anos), tempo de maturação suficiente para que o licenciado não obtenha enriquecimento indevido com o fim da licença de exploração de serviços, marcas e insígnias." (Agravo de Instrumento nº 0168948-22.2011.8.26.0000). Bem por isso, irretocável o entendimento adotado neste ponto.

No acórdão proferido no recurso de apelação 0120411-68.2006.8.26.0000, os Desembargadores citaram o juiz *a quo*, esclarecendo que o franqueado é menos livre que um empresário que desdobra sozinha o seu ramo de atividade.

> Conforme bem ressaltou o i. Magistrado de origem - em trecho que não merece qualquer reparo e adotasse como razão de decidir (art. 252 do Reg. Int.) -, "o franqueado é empresário menos livre do que o empresário que desdobrava sozinho seu ramo de atividade... a própria venda do ponto comercial é restrita, o que restringe igualmente o âmbito da cláusula de preferência de compra do estabeleci-

> mento comercial pela franqueadora. Realmente, durante a vigência do contrato ela pode optar entre adquirir o ponto comercial ou ceder os direitos de franqueado a terceiro que lhe convenha. (fls. 293)[107].

Acrescentam ainda que:

> E, estando o franqueado impedido de exercer a mesma atividade no ramo de informática pelo prazo de 24 meses, certo é que tal restrição deveria ser transmitida para o novo proprietário do estabelecimento comercial.
>
> Afinal, é evidente que a manutenção da atividade comercial no mesmo endereço, com os mesmos alunos e com nome semelhante é apta a gerar confusão ao consumidor, caracterizando o aproveitamento da clientela e, portanto, inadimplemento contratual.
>
> Caso pretendesse continuar atuando naquele setor de atividade, o novo proprietário deveria observar às disposições contratuais, se sujeitando à análise de perfil e ao pagamento da taxa de franquia, conforme orientado pela apelada (fls. 84), procedimento este que deveria ter sido respeitado e direcionado pelos apelantes.
>
> Assim, sendo incontroversa a continuidade da atividade comercial no mesmo endereço, fica mantida a imposição da multa contratual[108].

Assim, nota-se que infração à cláusula que trata da obrigação de não concorrência, além de caracterizar violação a obrigação contratual, caracterizada quebra da lealdade que deve guiar as relações contratuais, e consequentemente, uma quebra ao principio contratual da boa-fé dos contratantes.

No mais, é importante destacar que a cláusula de não concorrência não configura em si infração ao principio da livre concorrência e da livre iniciativa, já que o franqueado pode exercer outras atividades comerciais, desde que não sejam na mesma área de atuação da franqueadora. Contudo, devem ser harmonizados os princípios da livre concorrência e da livre iniciativa,

[107] apelação 0120411-68.2006.8.26.0000

[108] apelação 0120411-68.2006.8.26.0000

com os princípios da boa-fé contratual e da força obrigatória dos contratos, para que não seja abalado o sistema de franquia no Brasil.

Apesar da cláusula de não concorrência ser válida e não configurar infração aos princípios da livre iniciativa e da livre concorrência, cumpre destacar que ela deve ser expressa, não sendo válida a alegação do seu descumprimento quando ela não tem previsão contratual[109].

> Por fim, quanto à alegação de concorrência desleal, em razão de o franqueado passar a exercer a mesma atividade com produtos de marca concorrente, tal alegação não procede. Primeiramente, a cláusula 10.2 do contrato(fls. 496 da apel. nº 022512-83.2009.8.26.0576), a qual dispõe sobre concorrência desleal, afasta a incidência da proibição no que pertine ao próprio contrato, como segue:
>
> "Durante o período de duração deste contrato e após a sua rescisão até o período de um ano, o franqueado não poderá operar um negócio concorrente ao objeto da concessão que trata este contrato, nos limites da região metropolitana da cidade sede da franquia, não podendo ainda atuar como colaborador com ou sem vínculo empregatício, por período igual ao supracitado em empresa similar, sob pena do pagamento de multa no valor de oito vezes a taxa de franquia cobrada à época da violação, a ser atualizada até o efetivo pagamento. O regulamentado por este sub item não se aplica a este contrato, ficando nula esta condição".
>
> Ademais disso, a concorrência desleal, na área de venda de móveis planejados, requer pressupostos mais consistentes, em face

[109] Franquia. Indenização. Inadimplementos contratuais de ambas as partes. Culpa recíproca. Sentença de improcedência que julgou conjuntamente as duas ações em razão da conexão. Recursos interpostos pela franqueadora e pela franqueada. Desacolhimento dos recursos. Amplo conteúdo probatório apto a esclarecer a questão dos autos. Cerceamento de defesa afastado. Atraso nos pagamentos por parte da franqueada e retardamento e equívocos na entrega dos produtos por parte da franqueadora. Inadimplemento de ambas as partes, com reconhecimento de culpa recíproca. Atitudes das empresas que concorreram para o insucesso do negócio. Afastamento do pleito indenizatório. Concorrência desleal por parte da franqueada não reconhecida por falta de previsão contratual expressa. Sentença mantida. Recursos improvidos. (BRASIL. Tribunal de Justiça de São Paulo. Apelação no 0022512-83.2009.8.26.0576. Relator(a): Erson T. Oliveira. Comarca: São José do Rio Preto. Órgão julgador: 17ª Câmara de Direito Privado. Data do julgamento: 31/01/2012. Data de registro: 06/02/2012. Outros números: 225128320098260576)

> da imensa diversidade de fabricantes e da multiplicidade infindável de desenhos, utilidade e materiais de fabricação. Logo, o simples exercício de atividade afim, por si só, dificilmente caracterizaria concorrência desleal. Tanto que, na hipótese, o prejuízo decorrente da deslealdade há que ser real, não bastando a presunção.
>
> Como se vê, tal cláusula de exclusividade valia somente no período da vigência do contrato, pelo restou acertadamente afastada pelo juiz da causa.[110]

E não só. A cláusula de não concorrência deve ser delimitada com razoabilidade, para que não haja violação ao princípio da livre iniciativa[111]. Os Desembargadores da Câmara Reservada ao Direito Empresarial ao analisar o Agravo de Instrumento nº 0223947-22.2011.8.26.0000 destacaram que:

> Quanto à pretensão relativa ao fechamento do estabelecimento da agravada, a despeito da cláusula de não concorrência estar expressa no contrato celebrado entre as partes, por ora, em juízo de cognição restrita, de seu conteúdo não se vislumbra o requisito do fumus boni iuris. Afinal, a proibição ampla de que os agravados não se engajem direta ou indiretamente em negócio concorrente ou afim ao da franqueadora, durante os 3 anos posteriores ao término do contrato, aparentemente, colide com o princípio da livre iniciativa, previsto no art. 170, da CF. Destarte, não há que se falar em violação ao art. 461, do CPC, se a cláusula que impõe a obrigação de fazer, ora em juízo de cognição restrita, aparenta colidir com a garantia aposta na Carta Magna.
>
> A teor do disposto no art. 3º, XIV, "b", da Lei nº 8.955/94, os contratos de franquia podem ou não estabelecer limitações à con-

[110] Apelação nº 0022512- 83.2009.8.26.0576

[111] Agravo de instrumento. Direito Empresarial. Ação cautelar. Contrato de franquia. Liminar. Contrato rescindido. Determinação, à agravada, de descaracterização de sua loja e abstenção do uso da marca da agravante. Cabimento. Pretensão à paralisação das atividades da empresa-agravada. Não cabimento. Réus não citados. Cláusula de proibição de concorrência que deve ser delimitada pela razoabilidade, sob pena de violação ao princípio da livre iniciativa. (art. 170, caput, CF). Decisão mantida. Agravo provido, em parte. (BRASIL. Tribunal de Justiça de São Paulo. Agravo de Instrumento no 0223947-22.2011.8.26.0000. Relator(a): Pereira Calças. Comarca: São Paulo. Órgão julgador: Câmara Reservada de Direito Empresarial. Data do julgamento: 27/09/2011. Data de registro: 28/09/2011. Outros números: 2239472220118260000.)

corrência, devendo, contudo, ter seu conteúdo delimitado pela razoabilidade.

Obviamente, que se a Franqueadora tentar pleitear a obrigação de não concorrer depois que o prazo contratual já tiver se expirado, isso não será possível, afinal, a delimitação do prazo para a não concorrência é de suma importância, como já visto.

Na apelação de nº 9200156-07.2007.8.26.0000, a resolução do contrato tinha ocorrido em 16-8-2005, expirando em 2008 o prazo para pleitear a não concorrência, razão pela qual os magistrados entenderam que restaria à franqueadora a reparação por perdas e danos que seriam apurados em liquidação de sentença[112].

Assim sendo, nota-se que a cláusula de não concorrência presente na grande maioria dos Contratos de Franquia, mostra-se absolutamente válida, desde que não vede o exercício da atividade econômica perpetu-

[112] CONTRATO Franquia - Fran's Café Pretensão à anulação por erro Impossibilidade Não configuração do vício de consentimento Autoras suficientemente instruídas a respeito do negócio Erro, ainda que ocorresse, não seria escusável Autora é administradora de empresas, que deve necessariamente conhecer os percalços relativos à gestão de empresas Art. 138 do CC - Pretensão afastada. CONTRATO Franquia - Fran's Café Pretensão Resolução contratual por culpa da franqueadora Impossibilidade Bem ou mal, os deveres da franqueadora relativos a assessoria e auxílio foram prestados Faturamento insuficiente e altos custos de infraestrutura Circunstâncias afeitas ao risco empresarial assumido pela franqueada Pretensão afastada. CONTRATO Franquia - Fran's Café Pretensão à resolução contratual por onerosidade excessiva Impossibilidade Ausência dos requisitos de imprevisibilidade e de extraordinariedade - Art. 478 do CC Pretensão afastada. CONTRATO Franquia - Fran's Café Pretensão Resolução contratual por culpa das franqueadas Cabimento Descumprimento de diversos deveres contratuais Resolução de pleno direito prevista contratualmente Cominação das multas e obrigações de fazer previstas pelo contrato para o caso de rescisão Admissibilidade Pretensão da ré-reconvinte acolhida. CONTRATO Franquia - Descumprimento - Imposição do dever de não concorrência Impossibilidade Prazo já expirado Conversão em perdas e danos Devolução de manuais e materiais publicitários Admissibilidade Encargo previsto contratualmente Condenação à obrigação de fazer, sob pena de multa diária Art. 461, § 5º, do CPC Pretensão da ré-reconvinte acolhida. DANO MORAL - Não configuração Pessoa jurídica Abalo de seu bom nome no comércio - Não demonstração Descumprimento contratual não implica, por si só, dano moral Jurisprudência do STJ Pretensão da ré-reconvinte afastada. Recurso das autoras-reconvindas desprovido. Recurso da ré-reconvinte parcialmente provido. (BRASIL. Tribunal de Justiça de São Paulo. Apelação no 9200156-07.2007.8.26.0000. Relator(a): Álvaro Torres Júnior. Comarca: São Paulo. Órgão julgador: 20ª Câmara de Direito Privado. Data do julgamento: 05/03/2012. Data de registro: 09/03/2012. Outros números: 7163952800)

amente no tempo e no espaço. Por isso, espera-se que o Poder Judiciário continue se posicionando a favor do respeito da obrigação de não concorrência, de modo a garantir ao franqueador a manutenção do seu negócio, em detrimento do franqueado, que muitas vezes antes de entrar no sistema, não tinha qualquer informação sobre o tipo de negócio.

1.3. Cláusula Arbitral

O instituto da arbitragem, conforme preleciona a Lei 9.307/96, consiste em método de solução de conflitos, no qual os litigantes, desde que capazes e que lhes seja disponível o patrimônio, buscam solucionar suas pendências através de uma solução imposta por um terceiro, ficando antecipadamente obrigados a respeitar o resultado obtido.

Discorrendo sobre tal instituto, CARREIRA ALVIM afirma que, entre os diversos sistemas destinados à solução de conflitos, sendo o seu principal e mais prestigiado o jurisdicional estatal, no qual o Estado institui e administra os órgãos, "viceja outro, em que o Estado, em vez de interferir diretamente nos conflitos de interesses, solucionando-os com a força da sua autoridade, permite que uma terceira pessoa o faça, segundo determinado procedimento e observado um mínimo de regras legais, mediante uma decisão com autoridade idêntica à de uma sentença judicial."[113]

JOEL DIAS FIGUEIRA JÚNIOR, comentando o instituto, afirma:

> O novo regime da arbitragem é simplesmente mais um instrumento válido e colocado à disposição dos interessados para a solução de seus conflitos de natureza patrimonial disponível, ao lado de outras formas alternativas de composição, bem como da jurisdição estatal, que se realiza através da ponte imaginária que é o processo civil tradicional.
>
> Assim como não existe no processo civil comum procedimento melhor ou pior, mas sim tutelas diferenciadas mais ou menos adequadas aos respectivos ritos diversificados, escolhidos pelo autor de acordo com o sistema posto no ordenamento jurídico positivado, não há que falar também de maneira absoluta em melhor ou pior

[113] ALVIM, Carreira. Comentários à Lei de Arbitragem. Rio de Janeiro: Lumen Juris, 2002, p. 24.

> forma de prestação da tutela jurisdicional para a solução dos nossos inúmeros conflitos qualificados por pretensões resistidas, isto é, se estatal ou parestatal.
>
> Tudo dependerá, portanto, da natureza do conflito apresentado no caso concreto e da opção que as partes irão fazer, ESPONTANEAMENTE E EM COMUM ACORDO, a respeito da prestação da tutela pelo Estado-juiz ou pelo árbitro. Em outros termos, será a escolha (adequada ou inadequada) que norteará os resultados mais ou menos vantajosos decorrentes da opção. [114]

Continua afirmando que a arbitragem presta-se, particularmente, à solução de conflitos decorrentes das relações comerciais[115] uma vez que se inserem mais facilmente no conceito de "direitos patrimoniais disponíveis" aludido no artigo 1º da Lei 9.307/96, quando disciplina as pessoas e os litígios que podem ser objeto da arbitragem.

Outrossim, J. E. CARREIRA ALVIM, em seu Tratado Geral da Arbitragem, dispõe que a cláusula compromissória "é ato mediante o qual as partes convencionam remeter a árbitros o conhecimento de todas ou de algumas das questões que surjam, no futuro, entre elas, relativas a matérias ou assuntos que assinalam, SUBTRAINDO-AS DOS TRIBUNAIS DE JURISDIÇÃO ORDINÁRIA." [116]

Portanto, uma vez aceita a cláusula compromissória de soluções de conflitos pela via arbitral, não poderá a parte valer-se da via judicial para discutir o contrato que a estipula, sendo exatamente nesse sentido a orientação jurisprudencial, senão vejamos[117]:

[114] FIGUEIRA JÚNIOR, Joel Dias. Arbitragem, Jurisdição e Execução. 2ª ed., São Paulo: RT, 1999, p.102.

[115] ob. cit., pág. 144.

[116] ALVIM, J. E. Carreira. Tratado Geral da Arbitragem, Mandamentos. Belo Horizonte: 2000, págs. 213/214.

[117] Segue neste sentido o entendimento jurisprudencial:
LEI DE ARBITRAGEM – INSTITUIÇÃO JUDICIAL DO COMPROMISSO ARBITRAL – OBJETO DO LITÍGIO – INFRINGÊNCIA A CLÁUSULAS CONTRATUAIS – VALIDADE – AUSÊNCIA DE OMISSÃO.
I – Se o acórdão recorrido aborda todas as questões submetidas à sua apreciação, não há falar em violação ao inciso II do artigo 535 do Código de Processo Civil.

DIREITO CIVIL. CONTRATO COMERCIAL. CLÁUSULA COMPROMISSÓRIA. SUJEITOS CAPAZES E PATRIMÔNIO DISPONÍVEL. PACTA SUNT SERVANDA. 1. O instituto da arbitragem, conforme concebido pela Lei 9.307/96, consiste em método de solução de conflitos, no qual buscam os litigantes, desde que capazes e que lhes seja disponível o patrimônio, resolver suas pendências através de uma solução imposta por um terceiro, ficando antecipadamente obrigados a respeitar o resultado. 2. Havendo expressa convenção das partes no sentido de que a solução dos eventuais conflitos se daria através de arbitragem, exclui-se a participação

II – Para a instauração do procedimento judicial de instituição da arbitragem (artigo 7º da Lei n.º 9.307/96), são indispensáveis a existência de cláusula compromissória e a resistência de uma das partes à sua instituição, requisitos presentes no caso concreto.
III – Tendo as partes validamente estatuído que as controvérsias decorrentes dos contratos de credenciamento seriam dirimidas por meio do procedimento previsto na Lei de Arbitragem, a discussão sobre a infringência às suas cláusulas, bem como o direito a eventual indenização, são passíveis de solução pela via escolhida.
Com ressalvas quanto à terminologia, não conheço do recurso especial.
REsp 450881 / DF ; RECURSO ESPECIAL2002/0079342-1; Ministro CASTRO FILHO (1119); T3 - TERCEIRA TURMA; julgamento: 11/04/2003; STJ
CONTRATO INTERNACIONAL DE LICENCIAMENTO. RESCISÃO UNILATERAL. PEDIDO DE MANUTENÇÃO DO CONTRATO. ELEIÇÃO DE JUÍZO ARBITRAL. LIMITE À JURISDIÇÃO. INEXISTÊNCIA DE AFRONTA AO ART. 5º, XXXV, DA CF. PEDIDO JURIDICAMENTE IMPOSSÍVEL FRENTE À LIMITAÇÃO CONVENCIONADA PELAS PRÓPRIAS PARTES. Com efeito, devendo ser cumprida no Brasil a obrigação contratual, é competente para examinar eventual demanda, conforme os arts. 12 da LICC e 88 do CPC, a autoridade judiciária brasileira. Mas a admissão da competência da Justiça brasileira significa, apenas, que o caso há de ser examinado, ainda que seja para reconhecer o limite à jurisdição frente à cláusula arbitral. Cabe a cada Estado definir o alcance de sua própria jurisdição e o Brasil, ao editar a lei 9.307/96, acabou por instituir uma limitação à intervenção judicial na arbitragem privada. E, não se pode deixar de consignar, não há qualquer inconstitucionalidade nesta lei, como já afirmou o Supremo Tribunal Federal na SE nº 5.206/Espanha. A leitura da cláusula firmada pelas partes não deixa dúvidas de que todas as questões pertinentes ao contrato devem ser dirimidas pelos árbitros eleitos, inclusive, evidentemente, a questão que diz com a manutenção ou não do contrato no período de pendência do juízo arbitral. Destarte, por expressa convenção das partes, não cabe ao judiciário examinar o cabimento da postulação da autora, e isto, como já mencionado, por ser a livre expressão da vontade das partes, envolvendo apenas questões patrimoniais privadas, não afronta de forma alguma o art. 5º, XXXV, da Constituição Federal. APELAÇÃO DESPROVIDA, POR MAIORIA, VENCIDO O PRESIDENTE QUE DESCONSTITUÍA A SENTENÇA. (BRASIL. Tribunal de Justiça do Rio Grande do Sul. Apelação Cível Nº 70011879491, Nona Câmara Cível, Tribunal de Justiça do RS, Relator: Marilene Bonzanini Bernardi, Julgado em 29/06/2005)

> do Judiciário no que tange à solução de qualquer controvérsia daí advinda, revelando-se correto provimento jurisdicional que acolhe embargos do devedor, com a subseqüente extinção do processo de execução." (19990110567502APC, Relator ADELITH DE CARVALHO LOPES, 2ª Turma Cível, TJ DFT julgado em 27/03/2003, DJ 07/05/2003 p. 43).

A questão que será discutida neste trabalho é a aplicabilidade da cláusula arbitral inserida nos contratos de franquia.

A princípio, é possível afirmar que os bens regulados por um contrato de franquia são disponíveis, razão pela qual a arbitragem deveria ser admitida, uma vez que com a sua eleição haveria a renúncia à jurisdição estatal.

Ocorre, porém, que existe um grande questionamento acerca de uma eventual hipossuficiência do franqueado, e ainda, sobre a possibilidade da aplicabilidade da cláusula arbitral, ainda que o contrato venha ser considerado de adesão.

Por esse motivo, é importante lembrar que o contrato de franquia deve ser firmado legitimamente pelas partes, que normalmente são pessoas com capacidade financeira semelhante, e com intelecção capaz de afastar por completo qualquer tipo de coerção ou coisa que o valha.

Mesmo porque, nos termos da Lei de Franquia, antes de firmar qualquer contrato de franquia, o candidato a franqueado deve receber uma Circular de Oferta de Franquias com todas as informações acerca do Sistema de franquia, e que contem a minuta do contrato de franquia, podendo assim decidir se tem ou não interesse em ingressar na rede franqueada e/ou realizar qualquer tipo de investimento.

O simples fato do contrato de franquia envolver a cessão temporária de uso de marca e *know how* de uma empresa a outra não significa a hipossuficiência desta frente àquela e nem tampouco a necessidade de considerar a cláusula arbitral e de eleição de foro inválidas ou nulas.

E mais, normalmente, não é possível constatar qualquer cerceamento de defesa e de hipossuficiência do franqueado que autorize a inaplicação das regras do Código de Processo Civil e/ou do foro de eleição.

Mas ainda que assim não fosse, ou seja, que fosse o contrato de franquia classificado como contrato de adesão e que ficasse configurada a hipossuficiência da franqueada frente a Franqueadora, nem assim seria o caso de ignorar a cláusula arbitral firmada entre as partes ou considerá-la abusiva, desde que houvesse cláusula arbitral destacada e assinada em separado ou de forma anexa, como prova da completa ciência e anuência do aderente. Isso porque, nos termos do art. 4º, §2º da lei de arbitragem, ainda que o contrato em que foi firmada a cláusula compromissória arbitral seja considerado como de adesão, não se pode reputar como nula a cláusula se a mesma tiver sido destacada e assinada em separado ou de forma anexa, como prova da completa ciência e anuência do aderente.

E não é só. A hipossuficiência se e quando existente, não se presume, devendo ser demonstrada pela parte supostamente mais frágil. Sem isso, a cláusula arbitral não poderá ser ignorada pela parte.

E a jurisprudência é mais do que patente neste sentido, inclusive quando trata especificamente do contrato de franquia. Confira-se neste sentido[118].

[118] Segue neste sentido o entendimento jurisprudencial:
JUÍZO ARBITRAL — Cláusula Compromissória - Firmada a cláusula compromissória, nenhuma das partes, nem a associação de uma das partes, isoladamente, poderá, de forma eficaz, substituir a arbitragem pelo procedimento judicial, visando a solucionar o conflito, por ser certo que a cláusula compromisso, necessariamente escrita, ainda que em forma de pacto adjeto, não admite que a parte dela se esquive - Recurso improvido. (BRASIL. Tribunal de Justiça de São Paulo. APELAÇÃO N° 7.127.102-2. 14a Câmara Direito – Privado do Tribunal de Justiça do Estado de São Paulo. Desembargador Relator Pedro Ablas)
PROCESSO CIVIL. EXCEÇÃO DE INCOMPETÊNCIA. CONTRATO DE ADESÃO ENTRE FRANQUEADA E FRANQUEADORA. EMPRESAS DE GRANDE PORTE. VALIDADE DA CLÁUSULA DE ELEIÇÃO DE FORO.A só e só condição de a eleição do foro ter se dado em contrato não acarreta a nulidade dessa cláusula, sendo imprescindível a constatação de cerceamento de defesa e de hipossuficiência do aderente para sua inaplicação. Recurso parcialmente conhecido e, nessa parte, provido. (BRASIL. Superior Tribunal de Justiça. REsp 545.575/RJ, Rel. Ministro CESAR ASFOR ROCHA, QUARTA TURMA, julgado em 09.09.2003, DJ 28.10.2003 p. 295)
Agravo de instrumento - exceção de incompetência - contratos de franquia - pessoa jurídica. 1 - o foro de eleição há que prevalecer quando os contratos envolvem pessoas jurídicas e inexiste qualquer vício de vontade. Recurso conhecido e improvido. Unânime. Classe do Processo : (BRASIL. Tribunal de Justiça do Distrito Federal. AGRAVO DE INSTRUMENTO 20010020050833AGI DF TJDF Registro do Acórdão Número : 150002 Data de Julgamento : 17/12/2001 Órgão Julgador : 5ª Turma Cível Relator : HAYDEVALDA SAMPAIO)
RECURSO ESPECIAL. AÇÃO DE COBRANÇA. CONTRATO MERCANTIL. CLÁUSULA DE ELEIÇÃO DE FORO. VALIDADE. É competente o juízo do foro de eleição para julgar ação decorrente do descumprimento de contrato mercantil, porquanto, havendo entre as partes total liberdade ao contratar, a cláusula de eleição de foro tem eficácia plena e, assim sendo, há de ser respeitada. Recurso especial provido. (BRASIL. Superior Tribunal de Jus-

Nunca é demais grifar que a relação Contratual de Franquia não é e nem pode ser equiparada a uma relação de consumo, pois o franqueado em momento algum é o destinatário final dos produtos e serviços não havendo qualquer indicio que equipare o franqueado ao consumidor. E este é o entendimento recente do E. STJ acerca do tema:

> Contrato de fiança. Relação entre o franqueador e franqueado. Lei nº 8.955/94. Código de Defesa do Consumidor. Fiança. Exoneração.
>
> 1. A relação entre o franqueador e o franqueado não está subordinada ao Código de Defesa do Consumidor.
>
> 2. Afastando o acórdão a existência de moratória com base na realidade dos autos e em cláusula contratual, não há espaço para acolher a exoneração da fiança, a teor das Súmulas nºs 5 e 7 da Corte, ademais da falta de prequestionamento dos dispositivos indicados no especial.
>
> 3. Recurso especial não conhecido.
>
> (REsp 687.322/RJ, Rel. Ministro CARLOS ALBERTO MENEZES DIREITO, TERCEIRA TURMA, julgado em 21.09.2006, DJ 09.10.2006 p. 287)

Desta forma, não se pode sequer aplicar analogicamente o Código de Defesa do Consumidor para as relações de franquia, uma vez que não há vulnerabilidade por parte do franqueado, já que este recebe a Circular de Oferta de Franquia, nos termos exigidos pela Lei de Franquia e as obrigações dos envolvidos são pré-definidas e especificadas nesta mesma lei, então, jamais poderia haver desconsideração da cláusula Arbitral por conta disso. E, ainda, que houvesse, ainda continuariam a valer as regras de competência oriundas do Código de Processo Civil.

Apesar de não se tratar de uma relação de consumo e de não ser o franqueado parte hipossuficiente na relação, é importante que todos os princípios cogentes do direito comum, como é o caso do equilíbrio, função social e boa-fé sejam respeitados tanto pela franqueadora como pelo franqueado.

tiça. REsp 598.682/MS, Rel. Ministro CASTRO FILHO, TERCEIRA TURMA, julgado em 03.10.2006, DJ 13.11.2006 p. 246)

Mas não é só. O próprio Código Civil de 2002 admite a utilização do contrato de adesão, destacando, contudo que:

> Art. 423. Quando houver no contrato de adesão cláusulas ambíguas ou contraditórias, dever-se-á adotar a interpretação mais favorável ao aderente.
>
> Art. 424. Nos contratos de adesão, são nulas as cláusulas que estipulem a renúncia antecipada do aderente a direito resultante da natureza do negócio.

A codificação estabeleceu o princípio da interpretação mais favorável em favor da parte mais fraca da relação, materializando o princípio da equivalência contratual, e impondo nulidade às cláusulas que estipulem a renúncia antecipada do aderente a direito resultante da natureza do negócio.

Mesmo se tratando de contrato de adesão, a eficácia da cláusula compromissória poderia ser admitida, em respeito aos princípios que regulam os contratos, devendo, contudo, haver a concordância expressa do franqueado, em documento apartado, ou, encontrando-se a convenção no corpo do contrato e desde que esteja em negrito, com o lançamento de visto ou assinatura especialmente para essa cláusula.

> Art. 4º A cláusula compromissória é a convenção através da qual as partes em um contrato comprometem-se a submeter à arbitragem os litígios que possam vir a surgir, relativamente a tal contrato.
>
> § 1º A cláusula compromissória deve ser estipulada por escrito, podendo estar inserta no próprio contrato ou em documento apartado que a ele se refira.
>
> § 2º Nos contratos de adesão, a cláusula compromissória só terá eficácia se o aderente tomar a iniciativa de instituir a arbitragem ou concordar, expressamente, com a sua instituição, desde que por escrito em documento anexo ou em negrito, com a assinatura ou visto especialmente para essa cláusula.

Portanto, possuindo o contrato de franquia uma cláusula arbitral cheia e tendo o franqueado concordado expressamente com a instituição da cláusula arbitral, que precisa ser feita por escrito em documento anexo ou em negrito, com a assinatura ou visto especialmente para essa cláusula, devem as questões relacionadas ao contrato de franquia serem submetidas à Câmara Arbitral convencionada.

Apesar de não ser tema deste trabalho, é importante destacar que a cláusula de eleição de foro também tem sido admitida pela jurisprudência Brasileira[119], isso em razão da sua previsão legal através do artigo 111 do Código de Processo Civil, que prevê que as partes "podem modificar a competência em razão do valor e do território, elegendo foro onde serão propostas as ações oriundas de direitos e obrigações".

No corpo do acórdão do Agravo De Instrumento nº 20010020050833 AGI DF nota-se:

> (...) a simples condição de adesão do contrato não acarreta a nulidade da cláusula de eleição de foro, sendo imprescindível a constatação de cerceamento de defesa e a hipossuficiência do aderente para sua inaplicação. A propósito, confiram-se os seguintes precedentes, no pertinente: (...) 'I. Insuficiente ao afastamento do foro de eleição a mera assertiva de cuidar-se de contrato de adesão, sendo necessário

[119] Agravo de Instrumento. Cautelar inominada. Exceção de Incompetência. Contrato de franquia. Eleição de foro. Cláusula válida. Decisão resumida rejeitando o incidente. Não se caracteriza a avenca como contrato de adesão. A disposição não é leonina e não existe vício em sua estipulação. Decisão agravada sucinta mas valida e regular. Pronunciamento correto. Recurso desprovido". (LCR)(BRASIL. Tribunal de Justiça do Rio de Janeiro. AGRAVO DE INSTRUMENTO 2000.002.07444 - DES. MARCUS FAVER - Julgamento: 19/09/2000 - QUINTA CAMARA CIVEL - TJ RJ)
Agravo de instrumento - exceção de incompetência - contratos de franquia - pessoa jurídica. 1 - o foro de eleição há que prevalecer quando os contratos envolvem pessoas jurídicas e inexiste qualquer vício de vontade. Recurso conhecido e improvido. Unânime". Classe do Processo: (BRASIL. Tribunal do Distrito Federal. AGRAVO DE INSTRUMENTO 20010020050833AGI DF Registro do Acórdão Número: 150002 Data de Julgamento : 17/12/2001 Órgão Julgador : 5ª Turma Cível Relator : HAYDEVALDA SAMPAIO TJ DF)
AGRAVO DE INSTRUMENTO - EXECUÇÃO - COMPETÊNCIA - CONTRATO DE ADESÃO - Ação fundada em contrato de franquia - Existência de cláusula contratual de eleição de foro - Inexistência de relação de consumo e, por conseqüência, inaplicabilidade do Código de Defesa do Consumidor - Validade da cláusula de eleição de foro para os processos oriundos do contrato (Súmula 335 do C.STF) - Manutenção da ação principal do Juízo de Direito da Comarca de Barueri, Estado de São Paulo - Recurso provido. (BRASIL. Tribunal de Justiça de São Paulo. Agravo de Instrumento 0018209-03.2012.8.26.0000, Relator Roberto Mac Cracken, Comarca Barueri, 2ª Câmara Reservada de Direito Empresarial, data do julgamento 24/04/2012, TJSP, outros números 00182090320128260000)

> o reconhecimento de que, em face das circunstâncias dos autos, há grave prejuízo para a defesa do consumidor. II. Tal situação de prejudicialidade, rejeitada pelo Tribunal estadual, soberano no exame da prova, afasta o deslocamento do foro avençado, por válida, nesse caso, a cláusula cordada entre as partes' (AGA 349.888, relatado pelo eminente Ministro Aldir Passarinho Junior, DJ de 25.03.2002). 'CONFLITO DE COMPETÊNCIA. FORO DE ELEIÇÃO. PREVALÊNCIA. Nas relações entre empresas de porte, capazes financeiramente de sustentar uma causa em qualquer foro, prevalece o de eleição. Recurso especial conhecido e provido.' (REsp 279.687, relator para o acórdão o eminente Ministro Ari Pargendler, DJ de 05.08.2002). 'FORO DE ELEIÇÃO. Empresa de porte. Contrato de adesão. Conexão. É válida a cláusula de eleição de foro constante de contrato de valor aproximado de R$ 1.000.000,00, celebrado por empresa de porte, que se presume tenha condições de exercer a defesa no foro escolhido, embora se trate de contrato de adesão' (REsp 304.678, relatado pelo eminente Ministro Ruy Rosado de Aguiar, DJ de 19.11.2001)[120].

E não é só. A Súmula nº 335 do STF dispõe que "é válida a cláusula de eleição do foro para os processos oriundos do contrato".

Ocorre, porém, que há juízes que entendem que a cláusula de eleição de foro nos contratos de franquia é uma cláusula abusiva e que dificulta a defesa dos franqueados, razão pela qual, independentemente da aplicabilidade do Código de Defesa do Consumidor, a anulam.[121]

[120] Agravo De Instrumento 20010020050833 AGI DF

[121] AGRAVO INTERNO. RESPONSABILIDADE CIVIL. EXCEÇÃO DE INCOMPETÊNCIA. CONTRATO DE FRANQUIA. CLÁUSULA DE ELEIÇÃO DE FORO. CLÁUSULA ADESIVA QUE DIFICULTA A DEFESA DO CONTRATANTE. Independentemente da aplicabilidade do Código de Defesa do Consumidor se está diante de um típico contrato de adesão, caracterizado pela imutabilidade e formação genérica das cláusulas. Consoante os precedentes desta Corte, é nula a cláusula de eleição de foro. AGRAVO INTERNO DESPROVIDO. (BRASIL. Tribunal de Justiça do Rio Grande do Sul. Agravo Nº 70039516661, Sexta Câmara Cível, Tribunal de Justiça do RS, Relator: Artur Arnildo Ludwig, Julgado em 27/01/2011)

1.4. A responsabilidade do franqueador por fato ou vício do produto e do serviço praticado pelo franqueado

Um dos temas que mais vem sendo discutido pelos especialistas em *franchising*, é a possibilidade de responsabilizar a Franqueadora por fato ou vício de produto ou serviço praticado pelo Franqueado.

A dúvida sobre a questão surge na medida em que de um lado, nota-se que o consumidor muitas vezes é atraído pela marca, e por outro, o fato de uma empresa ser franqueadora não significa que ela deve estar onipresente e controlar todos os aspectos dos negócios de seus Franqueados, sendo certo que se isso ocorresse a característica principal do contrato de Franquia deixaria de existir: a autonomia existente entre Franqueados e a Franqueadora.

Essa autonomia que poderia ser utilizada na defesa das franqueadoras é explícita no art. 2º da Lei de Franquia quando se afirma que a cessão de marca, *know how*, tecnologia, direito de uso de produtos, não caracterizará vínculo empregatício entre os contratantes (Franqueadora e Franqueado), do que resulta a independência legal e comercial das empresas, restringindo-se seu vínculo aos termos contratuais.

Pois bem, ainda que haja esta autonomia, resta claro que a Franqueadora será solidariamente responsável sempre que ela for a fornecedora do produto que apresente defeito decorrente de projeto, fabricação, construção, montagem, fórmulas, manipulação, apresentação ou acondicionamento de seus produtos, bem como por informações insuficientes ou inadequadas sobre sua utilização e riscos. Isso porque, o Código de Defesa do Consumidor dispõe expressamente que:

> Art. 12. O fabricante, o produtor, o construtor, nacional ou estrangeiro, e o importador respondem, independentemente da existência de culpa, pela reparação dos danos causados aos consumidores por defeitos decorrentes de projeto, fabricação, construção, montagem, fórmulas, manipulação, apresentação ou acondicionamento de seus produtos, bem como por informações insuficientes ou inadequadas sobre sua utilização e riscos.

Também respondem solidariamente os fornecedores pelos vícios de quantidade do produto sem que, respeitadas as variações decorrentes de sua natureza, seu conteúdo líquido for inferior às indicações constantes do recipiente, da embalagem, rotulagem ou de mensagem publicitária.

> Art. 18. Os fornecedores de produtos de consumo duráveis ou não duráveis respondem solidariamente pelos vícios de qualidade ou quantidade que os tornem impróprios ou inadequados ao consumo a que se destinam ou lhes diminuam o valor, assim como por aqueles decorrentes da disparidade, com a indicações constantes do recipiente, da embalagem, rotulagem ou mensagem publicitária, respeitadas as variações decorrentes de sua natureza, podendo o consumidor exigir a substituição das partes viciadas.
> (...)
> Art. 19. Os fornecedores respondem solidariamente pelos vícios de quantidade do produto sempre que, respeitadas as variações decorrentes de sua natureza, seu conteúdo líquido for inferior às indicações constantes do recipiente, da embalagem, rotulagem ou de mensagem publicitária, podendo o consumidor exigir, alternativamente e à sua escolha:

E este também é o entendimento da jurisprudência[122], que têm entendido que a empresa franqueadora é solidariamente responsável com a

[122] Ementa: APELAÇÃO CÍVEL. DIREITO PRIVADO NÃO ESPECIFICADO. AQUISIÇÃO DE COLCHÃO. VÍCIO NA QUALIDADE. RESPONSABILIDADE SOLIDÁRIA DO FABRICANTE E DO COMERCIANTE. Constatado o vício na qualidade do produto (colchão), tanto a empresa fabricante quanto a comerciante respondem, solidariamente, pelos prejuízos daí advindos, com fulcro no artigo 18 do CDC. Assim, deve ser reformada a sentença que reconheceu a ilegitimidade passiva da empresa franqueadora, responsável pela fabricação do produto. Apelo provido. (BRASIL. Tribunal de Justiça do Rio Grande do Sul. Apelação Cível Nº 70041026220, Décima Segunda Câmara Cível, Tribunal de Justiça do RS, Relator: Umberto Guaspari Sudbrack, Julgado em 24/11/2011)
RESPONSABILIDADE CIVIL INDENIZATÓRIA. Prestação de serviços educacionais (curso de informática) - Obrigação de fornecer diploma de conclusão de curso injustificadamente não emitido - Relação que se subsume ao Direito Consumerista - Responsabilidade objetiva do fornecedor, pelo vício do serviço, oponivel tanto à unidade franqueada quanto à pessoa jurídica franqueadora, corre, que atuou como fornecedora aparente do serviço (tanto que seu nome é o único que consta dos recibos de pagamento, nos quais inexiste alusão à franqueada) - Dai a legitimidade passiva de ambas, assim como a solidariedade da obrigação de emitir o certificado - DANOS MORAIS - Inscrição do nome da autora em cadastro de inadimplentes - Negativação havida, por efetuado o apontamento quando ainda (confessadamente) em mora

empresa franqueada por eventual fato do serviço, quando integra a cadeia de fornecedores, nos termos do artigo 12 do Código de Defesa do Consumidor.

Acerca disso, o próprio Código de Defesa do Consumidor em seu artigo 4º é claro e expresso ao prever dentre os princípios que devem reger a política nacional das relações de consumo, a

> III - harmonização dos interesses dos participantes das relações de consumo e compatibilização da proteção do consumidor com a necessidade de desenvolvimento econômico e tecnológico, de modo a viabilizar os princípios nos quais se funda a ordem econômica, sempre com base na boa-fé e equilíbrio nas relações entre consumidores e fornecedores.

E quando a franqueadora não é a fornecedora do produto viciado, ou o defeito não decorre dos itens previstos nos artigos 12, 18 e 19 do Código de Defesa do Consumidor, pode ela ser responsabilizada?

A resposta a esta questão não é simples e por esse motivo ainda não se encontra pacificada, sendo que parte da jurisprudência e doutrina entende que sim, e parte que não.

Para os minoritários, com quem eu compartilho o meu pensamento, um contrato de Franquia típico não deverá envolver a figura da Franqueadora na operação da unidade Franqueada e, portanto, não deverá haver ingerência da primeira sobre a segunda, sob pena de desvirtuar o próprio contrato de Franquia. Assim permite-se à Franqueadora única e exclusivamente a sua liberdade de fiscalização e monitoramento contínuos, que visam, dentre outros, dois principais aspectos: (i) proteção da marca e *know how* cedidos e (ii) prevenção de danos a consumidores e terceiros.

A partir daí, ao Franqueado caberia a integral responsabilidade perante o mercado acerca de seus atos, seja perante seus funcionários, seus consumidores, fornecedores ou qualquer outro parceiro com quem tenha contratado.

a autora - Inscrição que refletiu nada além da verdade, pouco importando tenha, após, sido solvido o débito - Exclusão de anotação, higidamente lavrada, a cargo da própria devedora - Pretensão compensatória improcedente - Sucumbência reciproca - Recurso parcialmente provido. (BRASIL. Tribunal de Justiça de São Paulo. Apelação nº 9062152-87.2007.8.26.0000. 22a Câmara de Direito Privado do Tribunal de Justiça de São Paulo – Relator Fernandes Lobo)

Na área da alimentação, por exemplo, onde cabe ao franqueado na maioria das vezes a tarefa de produzir os produtos que serão comercializados, sendo obrigação do franqueado respeitar os padrões definidos para a rede, como culpar o franqueador, por exemplo, por problemas de acondicionamento de produtos, ou ainda pela falta de qualidade com a qual o produto é servido ao consumidor final?

Veja que a franqueadora não tem a capacidade de estar presente diariamente na operação dos seus franqueados, principalmente quando estes estão localizados em diversas cidades do Brasil, motivo pelo qual, a sua responsabilização seria uma injustiça. No mais, se isso ocorresse, o sistema de franquia estaria fadado ao insucesso no Brasil, já que ninguém iria querer ser responsabilizado por ato de terceiros, apenas pelo fato dele estar utilizado a sua marca.

Felizmente, há julgados que seguem nesse sentido[123], como é o caso da Apelação nº 9178973-43.2008.8.26.0000, na qual os desembargadores

[123] Bem móvel. Ação indenizatória de danos materiais e morais. Contrato de compra e venda de materiais de construção. Ilegitimidade passiva da fabricante dos produtos e da franqueadora. Ocorrência. Art. 18 do CDC. Inexistência de vício ou defeito do produto. Teoria da Aparência e Teoria do Risco do Negócio. Ausência de nexo de causalidade. Extinção do feito com relação a estas corrés. Art. 267, VI, do CPC. Sentença mantida. Preliminar rejeitada. Bem móvel. Ação indenizatória de danos materiais e morais. Contrato de compra e venda de materiais de construção. Alegação do comprador de que os produtos não foram integralmente entregues. Fato incontroverso. Alegação de que os produtos faltantes foram entregues posteriormente, diretamente ao responsável pela execução da obra. Comprovante de entrega das mercadorias faltantes. Inexistência. Indenização por perdas e danos devida. Dano moral. Agressões físicas e verbais mútuas. Ocorrência. Dano moral indevido. Sentença mantida. Preliminar rejeitada. Recursos improvidos. (BRASIL. Tribunal de Justiça de São Paulo. Apelação nº 9178973-43.2008.8.26.0000. 32ª Câmara de Direito Privado do Tribunal de Justiça de São Paulo. Rocha de Souza – Relator)
EMENTA: RESPONSABILIDADE POR DESCUMPRIMENTO CONTRATUAL. CURSO INTERROMPIDO EM FACE DO FECHAMENTO DA PESSOA JURÍDICA PRESTADORA DO SERVIÇO, NA CONDIÇÃO DE FRANQUEADA. AUSÊNCIA DE RESPONSABILIDADE DA FRANQUEADORA POR FATO NÃO DECORRENTE DA QUALIDADE DE SEU PRODUTO (MÉTODO DE ENSINO) FRANQUEADO. EXTINÇÃO DO PROCESSO QUE SE DECRETA. RECURSO PROVIDO. (BRASIL. Tribunal de Justiça do Rio Grande do Sul. Recurso Cível Nº 71000829077, Segunda Turma Recursal Cível, Turmas Recursais, TJ RS, Relator: Mylene Maria Michel, Julgado em 14/12/2005)
EMENTA: RESPONSABILIDADE POR DESCUMPRIMENTO CONTRATUAL. CURSO INTERROMPIDO EM FACE DO FECHAMENTO DA PESSOA JURÍDICA PRESTADORA DO SERVIÇO, NA CONDIÇÃO DE FRANQUEADA. AUSÊNCIA DE RESPONSABILIDADE DA FRANQUEADORA POR FATO NÃO DECORRENTE DA QUALIDADE DE

destacaram que a regra prevista no artigo 18 do Código de Defesa do Consumidor é aplicável somente ás hipótese de vicio ou defeito do produto, conforme a sua conceituação prevista no artigo 19 do mesmo código, não se aplicando a qualquer outra espécie:

> De fato, como bem asseverou o d.sentenciante, não se aplica ao caso em comento a regra prevista no art. 18 do Código de Defesa do Consumidor, atinente à responsabilidade solidária de todos os fornecedores elencados na cadeia de consumo, posto que tal disposição é aplicável somente nas hipóteses de vício ou defeito do produto, o que não se assemelha à espécie.
>
> O artigo 19 do Estatuto Consumerista traz a conceituação do que vem a ser vício de quantidade do produto, referindo-o somente às disparidades do conteúdo líquido dos produtos colocados no mercado de consumo, considerados em si mesmos.
>
> Nesse sentido, extrai-se do Código Brasileiro de Defesa do Consumidor comentado pelos autores do anteprojeto que:
>
> "Além de responder pelos vícios de qualidade, os fornecedores respondem, solidariamente, pelos vícios de quantidade do produto, assim entendido, nos termos do art. 18, aqueles decorrentes da disparidade com as indicações constantes do recipiente, embalagem, rotulagem ou mensagem publicitária." (obra citada, 9ª edição, Ed. Forense Universitária, pág. 220).
>
> Inexistindo vício ou defeito do produto disponibilizado perante o mercado de consumo, mantém-se o decreto de ilegitimidade pas-

SEU PRODUTO (MÉTODO DE ENSINO) FRANQUEADO. EXTINÇÃO DO PROCESSO. DERAM PROVIMENTO. (BRASIL. Tribunal de Justiça do Rio Grande do Sul. Recurso Cível Nº 71000833194, Segunda Turma Recursal Cível, Turmas Recursais, TJ RS, Relator: Eduardo Kraemer, Julgado em 15/03/2006).
EMENTA: RESPONSABILIDADE POR DESCUMPRIMENTO CONTRATUAL. CURSO INTERROMPIDO EM FACE DO FECHAMENTO DA PESSOA JURÍDICA PRESTADORA DO SERVIÇO, NA CONDIÇÃO DE FRANQUEADA. AUSÊNCIA DE RESPONSABILIDADE DA FRANQUEADORA POR FATO NÃO DECORRENTE DA QUALIDADE DE SEU PRODUTO (MÉTODO DE ENSINO) FRANQUEADO. EXTINÇÃO DO PROCESSO QUE SE DECRETA. RECURSO PROVIDO. (BRASIL. Tribunal de Justiça do Rio Grande do Sul.. Recurso Cível Nº 71000829077, Segunda Turma Recursal Cível, Turmas Recursais, TJ RS, Relator: Mylene Maria Michel, Julgado em 14/12/2005)

siva de sua fabricante, Portobello S/A e da franqueadora Portobello Shop S/A, tal como restou exarado na r. sentença combatida.

De outra parte, não tendo as empresas supracitadas participado do contrato de compra e venda de mercadorias firmado exclusivamente entre o autor e a corré T2, inexiste nexo de causalidade capaz de gerar a responsabilidade daquelas pelos danos supostamente causados, seja sob a ótica da teoria da aparência ou da teoria do risco do negócio.

E nesse mesmo sentido seguiu a decisão à apelação nº 1106628[124]:

Ao que consta, o autor adquiriu do réu varão, ora apelante, o filtro de água fornecido pela "franquia independente Hokeri\ pelo preço de R$ 1.150,00 em seis (6) parcelas de R$ 191,00 cada uma, representadas por cheques emitidos pelo autor no valor das prestações. Como não recebeu a mercadoria, procurou o vendedor para a solução e, sem êxito, sustou o pagamento dos cheques pendentes. Depois, o autor tomou conhecimento de que os cheques estavam sendo apresentados para protesto por uma Empresa desconhecida, denominada J. B. Factoring & Fomento Comercial Ltda.. Viu-se compelido a promover Medida Cautelar para a sustação do protesto e Ação Declaratória de Nulidade dos Títulos, daí o ajuizamento desta Ação para a reparação do dano moral.

Conforme bem examinado pelo Douto sentenciante, o co-réu Paulo César negociou diretamente com o autor a venda do produto pelo preço parcelado, representado por cheques, prometendo a ele a entrega, conforme se vê do "Pedido de Aquisição" nº A1101943(fl. 17).

Ora, com a não entrega da mercadoria, o vendedor incorreu em inadimplemento contratual, respondendo pelas conseqüências daí

[124] AÇÃO DE INDENIZAÇÃO. DANOS MORAIS. NEGÓCIO FIRMADO ENTRE O CONSUMIDOR E O FRANQUEADO. NÃO ENTREGA DO PRODUTO. SUSTAÇÃO DO PAGAMENTO. RESPONSABILIDADE SOLIDÁRIA DA FRANQUEADORA AFASTADA. RECURSO NÃO PROVIDO. (BRASIL. Tribunal de Justiça de São Paulo. Apelação 1106628-0/7 - 28ª Câmara da Seção de Direito Privado – Tribunal de Justiça de São Paulo – Relator: Daise Fajardo Nogueira Jacot

decorrentes, incluindo a reparação moral que, no caso, foi arbitrada em quantia suficiente.

Outrossim, não açode o autor, ora apelante, a alegação de que a Franqueadora responde solidariamente porque fabricou o produto em questão, mesmo porque não se está a discutir defeito ou vício do produto no caso dos autos. A propósito de caso que guarda relação de semelhança com o dos autos, já se entendeu que:

"CONTRATO DE FRANQUIA - RESSARCIMENTO POR INADIMPLEMENTO CONTRATUAL - INOCORRÊNCI4 - RETORNO DO INVESTIMENTO – RISCO DO FRANQUEADO - RESPONSABILIDADE SOLIDARIA IMPREVISIBILIDADE. - No contrato de franquia ou "*franchising*", o franqueador transfere todo o seu know-how, mas não está obrigado por lei a estimar o prazo para retorno do investimento, assumindo o próprio franqueado os riscos inerentes ao negócio implementado. - A responsabilidade solidária do franqueador não tem previsão legal e, no caso de não ter também previsão contratual, não poderá ser presumida. Apelação 2.0000.00.472603-8/000(1) TJMG. Relator FERNANDO CALDEIRA BRANT. J. 30.11.2004."

Assim, impõe-se a rejeição do Recurso com a manutenção integral da r. sentença apelada por seus próprios e jurídicos fundamentos, inclusive no tocante às verbas do sucumbimento.

Seguindo o entendimento desses julgados, tanto a Franqueada quanto a Franqueadora respondem pelos atos que praticam, mas não existe responsabilidade solidária. Se o produto não foi entregue ao consumidor por parte do franqueado, não pode a franqueadora ser condenada solidariamente, já que não se está discutindo a existência de vicio ou defeito no produto, mas sim um inadimplemento do franqueado.

ANA CLÁUDIA REDECKER, esclarece que responde aquele que praticar o ato, sendo pessoas jurídicas absolutamente diferentes.

O contrato de franquia empresarial foi definido por vários doutrinadores e entes nacionais e internacionais. É importante desenvolver os conceitos básicos da franquia empresarial para melhor compreender a real amplitude deste instituto. Destarte, a seguir serão apresentados alguns conceitos para, confrontando-os, apresentar o nosso conceito. Orlando Gomes designa-o como sendo "a operação pela qual um empresário concede a outro o direito de usar a marca de um produto seu com assistência técnica para sua comercialização, recebendo em troca determinada remuneração". Fran Martins conceitua-o como sendo o "contrato que liga uma pessoa a uma empresa, para que esta, mediante condições especiais, conceda à primeira o direito de comercializar marca ou produtos de sua propriedade sem que, contudo, a esses estejam ligadas por vínculo de subordinação. O franqueado, além dos produtos que vai comercializar, receberá do franqueador permanente assistência técnica e comercial, inclusive no que refere à publicidade dos produtos". Segundo Henrique Zanelli, a franquia empresarial consiste no "contrato mediante o qual uma parte concede a outra o exercício, em determinadas condições, e sob o controle do concedente, de uma atividade, normalmente de produção e prestação de serviços, valendo-se do recíproco interesse. Trata-se de uma concessão de meios comuns, seja de signos distintivos e de outros elementos de identificação (know how), e de assistência técnica contra a prestação correspondente, por parte do concessionário, de um preço ou compensação, normalmente composta de uma parte variável, proporcional ao giro de negócios realizados pela concessionária (royalties)". (...) A lei n.º 8.955/94 conceitua contrato de franquia no seu artigo 2º, in verbis: "Artigo 2º - Franquia empresarial é o sistema pelo qual um franqueador cede ao franqueado o direito de uso de marca ou patente, associado ao direito de distribuição exclusiva ou semi-exclusiva de produtos ou serviços e, eventualmente, também ao direito de uso de tecnologia de implantação e administração de negócio ou sistema operacional desenvolvidos ou detidos pelo franqueador, mediante remuneração direta ou indireta, sem que, no entanto, fique caracterizado vínculo empregatício". O conceito de franquia empresarial, sob nosso enfoque, pode ser assim formulado: é uma forma de colaboração comercial entre empreendedores independentes regulada por um contrato, no qual uma parte – franqueador – concede a uma ou mais pessoas físicas ou jurídicas – franqueados – o direito de utilizar da própria razão social e/ou da própria marca, e eventualmente, de outros sinais distintivos, para a venda de produtos ou prestação de serviços, sobre a base de um conceito previamente desenvolvido e consolidado no

> mercado, com assistência técnica para sua comercialização, sem vínculo de subordinação, valendo-se do recíproco interesse, recebendo em troca uma taxa inicial e porcentagem mensal sobre o movimento de vendas, o franqueador controla a utilização da marca e dos sinais distintivos utilizados pelo franqueado com o fim de garantir uma prestação uniforme ao público e uma qualidade constante dos produtos e/ou serviços oferecidos. [125]

Até mesmo para que se possa avaliar a possibilidade da condenação da empresa franqueadora nas demandas promovidas por consumidores do franqueado, é importante destacar as redes contratuais.

Segundo Rodrigo Xavier Leonardo:

> O reconhecimento das redes contratuais (também chamadas de contratos conexos) e da consequente necessidade de um regramento especifica para elas surgiu a partir da investigação de uma pluralidade de contratos no qual se identificou uma unidade de operações econômicas ou de negócios propriamente ditos.
>
> No elegante dizer do Professor Mosset Iturraspe 'o individualismo contratual vem deixando passo a contratação grupal. E isso não é causal, pois o que se persegue é agora, um resultado negocial, uma operação econômica global, procurada através de um 'programa', que uma ou várias empresas se propõem. Trata-se, agora, de contratos entrelaçados num conjunto econômico, perseguindo o que passou a se chamar uma 'mesma prestação essencial', um 'todo' contratual, para um mesmo e único negócio. O realce é dado ao 'negócio', e não ao 'contrato'.[126]

Esse autor acrescenta ainda que:

[125] REDECKER, Ana Cláudia. Franquia Empresarial. São Paulo: Ed. Memória Jurídica, 2002, p. 37

[126] LEONARDO, Rodrigo Xavier. Redes contratuais no mercado habitacional. São Paulo: Editora Revista dos Tribunais, 2003, p.21

> Entende-se por redes contratuais a coordenação de contratos, diferenciados estruturalmente, porém interligados por um articulo e estável nexo econômico, funcional e sistemático.
>
> O surgimento de redes contratuais destinadas à oferta de bens de consumo corresponde a uma necessidade de potencialização de benefícios e diminuição de riscos em um mercado marcado pela competitividade e especialização de seus integrantes.
>
> Por meio das redes contratuais, os fornecedores, que teriam dificuldades de ofertar seus produtos e serviços isoladamente, apesar de atuarem de maneira aparentemente individualizada, ofertam seus produtos e serviços e a consumidores mediante uma atuação conjugada.
>
> Parte-se, portanto, de fatores facilmente perceptíveis nos mercados voltados ao consumo (tais como a especialização nos diversos setores de produção, distribuição, comercialização, a acirrada concorrência entre fornecedores, a necessidade de diminuição dos riscos nas diversas etapas que precedem a oferta do produto ao consumidor e o crédito), para a construção de um mecanismo negocial que permite, a um só tempo, a união de esforços entre empresas e a dissipação de riscos em suas respectivas atividades.
>
> Assim, são realizados contratos estruturalmente individualizados, dotados de causa jurídica própria, aptos a entabular processos obrigacionais que se subsumem ao modelo clássico de relação jurídica obrigacional (partes, objeto, causa e garantia) e que, portanto, em princípio, vinculariam apenas as partes contratantes.
>
> Funcionalmente, contudo, referidos contratos estruturalmente individualizados mostram-se vinculados, na medida em que formam elementos de uma operação econômica unificada, sistematizada e funcionalizada pelo que se convencionou chamar de rede.[127]

Nos contratos de franquia, contudo, não existe uma rede contratual, nos termos citados acima, e por isso, a franqueadora não deveria ser responsabilizada. Isso é reforçado na obra de Suzy Elizabeth Cavalcante Koury, que dispõe o seguinte:

[127] LEONARDO, Rodrigo Xavier. Redes contratuais no mercado habitacional. São Paulo: Editora Revista dos Tribunais, 2003, p.137 e 138

Durante muito tempo, o legislador brasileiro desconheceu a tendência das grandes empresas modernas de concentrarem-se através da formação de grupos, não cuidando ordenadamente do assunto, o que causava a opressão dos acionistas minoritários das empresas agrupadas, prejuízos a credores comerciais, trabalhistas e ao próprio fisco, além de abuso do poder econômico nos mercados.

Foi somente com o advento da Lei sobre sociedades por ações, nº 6.404, de 15 de dezembro de 1976, que o Direito Brasileiro passou a tratar sistematicamente a disciplina dos grupos, nos seus capítulos XX e XXI.

(...)

O critério para o reconhecimento dos grupos, de fato ou de direito, é dado pela noção de controle contida no artigo 234, parágrafo 2º.

(...)

Definidas, assim, as sociedades controladas e, em consequência, as controladoras, o legislador distinguiu duas formas de relacionamento entre sociedades:

1ª) sociedades coligadas controladoras e controladas que mantém entre si relações societárias segundo o regime legal de sociedades isoladas, constituindo 'grupos de fato';

2ª) sociedades controladoras e controlas que se reúnem sob uma convenção, levada ao Registro do Comercio, constituindo 'grupos de direito'.

Os 'grupos de direito' podem ser de coordenação ou de subordinação.

Os grupos de coordenação estão regulados no capitulo XXII da lei 6.404, sob a denominação de consórcios. O consorcio pode ser constituído por companhias e quaisquer outras sociedades, sob o mesmo controle ou não, para a execução de determinado empreendimento (art. 278).

Percebe-se, então, que esses grupos de coordenação apresentam uma peculiaridade: as sociedades consorciadas podem ter entre si relações de controle. Não obstante, o legislador excluiu a possibilidade de responsabilizar-se solidariamente as consorciadas, além de ter afirmado expressamente que a falência de uma delas não se estende às demais. (...)

> Os grupos de subordinação são denominados grupos de sociedades, sendo regulados no Capitulo XXI da lei 6.404, e caracterizados pela constituição através de convenção, que deve ser arquivada no registro do comercio da sede da sociedade de comando (art. 271, caput). São reconhecidos todos os efeitos de sua existência, inclusive o fato de as sociedades agrupadas ficarem subordinadas ao interesse geral do grupo, nos termos da convenção.[128]

As empresas franqueadoras e as empresas franqueadas, contudo, não constituem grupo de empresas, pois são pessoas jurídicas distintas, com autonomia e personalidade jurídica própria. Além disso, não possuem qualquer relacionamento nos termos definidos pela lei das sociedades anônimas. Portanto, uma não poderia ser responsabilizada pelos atos da outra.

Assim, ainda que se trate de uma relação de consumo, e que se aplique o Código de Defesa do Consumidor, considerando-se a importância do instituto da pessoa jurídica, e dos grupos de contratos, nos termos dos parágrafos do artigo 28 do Código de Defesa do Consumidor, a Franqueadora não poderia ser responsabilizada, por não estar incluída em nenhum dos parágrafos ali indicados (não integra o grupo societário, não é consorciada e não é coligada).

> Art. 28. O juiz poderá desconsiderar a personalidade jurídica da sociedade quando, em detrimento do consumidor, houver abuso de direito, excesso de poder, infração da lei, fato ou ato ilícito ou violação dos estatutos ou contrato social. A desconsideração também será efetivada quando houver falência, estado de insolvência, encerramento ou inatividade da pessoa jurídica provocados por má administração.
>
> § 1° (Vetado).
>
> § 2° As sociedades integrantes dos grupos societários e as sociedades controladas, são subsidiariamente responsáveis pelas obrigações decorrentes deste código.
>
> § 3° As sociedades consorciadas são solidariamente responsáveis pelas obrigações decorrentes deste código.

[128] KOURY, Suzy Elizabeth Cavalcante. A desconsideração da personalidade jurídica (disregard doctrine) e os grupos de empresas. Rio de Janeiro: Forense, 2003, p.145 e 146

§ 4° As sociedades coligadas só responderão por culpa.

§ 5° Também poderá ser desconsiderada a pessoa jurídica sempre que sua personalidade for, de alguma forma, obstáculo ao ressarcimento de prejuízos causados aos consumidores.

Contudo, mesmo em situações como essas, existem magistrados que entendem que a franqueadora responde solidariamente com o franqueado, já que é difícil apontar com segurança quem foi omisso no controle de qualidade, de modo a justificar o afastamento da solidariedade[129].

Nesse sentido Adalberto Simão Filho:

> Apresentados esses conceitos, constata-se que, independente da atividade desenvolvida na cadeia de consumo por franqueadores ou franqueados, todos foram abrangidos pelas disposições do

[129] DIREITO DO CONSUMIDOR. DEFEITO NA PRESTAÇÃO DE SERVIÇOS. DANOS MORAIS. RESPONSABILIDADE SOLIDÁRIA. FRANQUIA.
1- Defeito na prestação de serviços. Alegação de constantes mudança de professores, repetição de conteúdo e número excessivo de alunos não impugnada e impossibilidade de cumprimento do contrato em razão de insuficiência do número de alunos. Descumprimento pelo qual deve responder o fornecedor.
2- Multa e reprogramação de pagamento indevidos, pois a resolução não se deu por culpa do consumidor. Indenização por danos morais decorrentes de indevida inclusão do nome do consumidor em cadastro de proteção ao crédito.
3- Responsabilidade da franqueadora - A qualidade dos serviços prestados se estabelece de conformidade com o padrão estabelecido pela franqueadora. Assim, a possibilidade de defeito varia de conformidade com a qualidade imposta e exigida das franqueadas. Logo, em face de defeito no serviço não há como se apontar com segurança a quem indicar quem foi omisso no controle de qualidade, de modo a justificar o afastamento da solidariedade. Precedentes da Turma sobre solidariedade entre a franqueadora e a franqueada (20060210017846ACJ, Relator ALFEU MACHADO, 2ª Turma Recursal dos Juizados Especiais do Distrito Federal, julgado em 11/12/2007, DJ 20/02/2008 p. 1611).
4- Valor da indenização. A indenização deve ser fixada de conformidade com a gravidade da violação, a necessidade de reparação e o valor de desestímulo, de modo a prevenir futuras violações de direito. Neste quadro, considero que a ré é empresa de pequeno porte, com capital de apenas R$ 10.000,00, para fixar a indenização em R$ 2.000,00.
5- Recurso conhecido e provido, em parte.(BRASIL. Tribunal de Justiça do Distrito Federal. Acórdão n. 553923, 20110710197529ACJ, Relator AISTON HENRIQUE DE SOUSA, 2ª Turma Recursal dos Juizados Especiais do Distrito Federal, julgado em 22/11/2011, DJ 07/12/2011 p. 312)

> Código do Consumidor, devendo consequentemente adaptar-se à nova realidade.[130]

Sobre o tema, o professor Silvio de Salvo Venosa ensina que, no caso concreto, há que se levar em conta, a vulnerabilidade de uma das partes.

> (...) nas relações de consumo, perante o consumidor final, qualquer dessas empresas é responsável nos termos ampliativos do art. 3º, que define fornecedor. Destarte, prejuízos causados na relação de consumo podem colocar no polo passivo, tanto o franqueado, como o franqueador, não importando a amplitude e a natureza da relação interna entre eles. Essa lei estabelece responsabilidade solidária na cadeia de produção de produtos e serviços.

Na maioria dos casos em que os juízes condenam a franqueadora solidariamente, a condenação se dá sob o fundamente de que a qualidade dos serviços prestados se estabelece de conformidade com o padrão estabelecido pela franqueadora, ou ainda, pela confiança que é despertada aos consumidores quando decidem contratar uma empresa que faz parte de uma rede de franquia, afinal, ao se deparar com um estabelecimento empresarial de uma rede de franquias, acredita o consumidor estar utilizando os mesmos serviços, nos mesmos preços e qualidades ofertadas pelo estabelecimento originário, o que infelizmente nem sempre acontece.

Dito isso, nota-se que a única questão que já se encontra pacificada é a necessidade da responsabilização da franqueadora, sempre que ela for a fornecedora do produto com defeito ou viciado. Nos outros casos, contudo, caberá ao juiz analisar o caso e principalmente as provas juntadas, para verificar se é caso de responsabilização solidária ou não.

Para que a franqueadora se proteja, o seu contrato deve prever expressamente o direito de regresso para os casos em que ela for responsabilizada solidariamente junto com o franqueado, devendo ainda prever uma garantia para o cumprimento desse direito, se ele tiver que ser acionado.

Ademais da questão da responsabilização da franqueadora junto aos consumidores dos franqueados, importante debater também sobre a pos-

[130] SIMÃO FILHO, Adalberto, Franchising: aspectos jurídicos e contratuais. 2ª ed. – São Paulo: Atlas, 1997, p.128 e 129

sibilidade da desconsideração da personalidade jurídica do franqueado e/ou da franqueadora nesses casos.

Para resguardar os bens pessoais dos sócios das empresas, distinguiu-se a pessoa jurídica e a pessoa física.

Ocorre, porém, que diante do abuso dessa proteção, para lesar credores, foi criado o instituto da desconsideração da personalidade jurídica.

Elizabeth Cristina Campos Martins de Freitas destaca que:

> Como precedente da *Disregard Doctrine,* há notícia da teoria da soberania elaborada por Hausmann na Alemanha. Essa teoria visava imputar ao controlador de uma sociedade de capitais as obrigações assumidas pela sociedade controlada e por ela não satisfeitas, e, dessa maneira, revelar-se a substância das relações em detrimento de sua estrutura formal. Não obstante o grande avanço que representava, ela não logrou alcançar êxito nem repercussão nos meios jurídicos.
>
> Foi no âmbito da *common Law,* especialmente a norte-americana, que a teoria da desconsideração da personalidade jurídica pode desenvolver-se, inicialmente na atuação dos juízes por meio de decisões jurisprudenciais. No início do século XIX, no ano de 1809, o juiz Marshall conheceu de uma causa entre o *Bank of United States* e Deveaux, na qual suscitava questão sobre a jurisdição das Cortes Federais. Mesmo não cabendo aqui discutir o mérito da decisão, que segundo notícias, foi repudiada por uma parcela significativa da doutrina, importa salientar o fato de que, já em 1809, as Cortes norte-americanas empenhavam-se em erguer o véu para alcançar e considerar as características dos sócios individuais.
>
> A teoria da desconsideração da personalidade jurídica, por ser um mecanismo evidentemente hábil para obstar manobras fraudulentas, ganhou atenção especial de respeitáveis juristas de várias partes do mundo. [131]

Fábio Ulhoa Coelho esclarece que:

[131] FREITAS, Elizabeth Cristina Campos Martins de. Desconsideração da personalidade jurídica: análise à luz do código de defesa do consumidor e do código civil. 2ª ed. São Paulo: Atlas, 2004, p.57 e 58

Pela teoria da desconsideração, o juiz pode deixar de aplicar as regras de separação patrimonial entre sociedade e sócios, ignorando a existência da pessoa jurídica num caso concreto, porque é necessário coibir a fraude perpetrada graças à manipulação de tais regras. Não seria possível a coibição se respeitada a autonomia da sociedade. Note-se, a decisão judicial que desconsidera a personalidade jurídica da sociedade não desfaz o seu ato constitutivo, não o invalida, nem importa a sua dissolução. Trata apenas e rigorosamente, de suspensão episódica da eficácia desse ato. Quer dizer, a constituição da pessoa jurídica não produz efeitos apenas no caso em julgamento, permanecendo válida e inteiramente eficaz para todos os outros fins.[132]

Guilherme Calmon Nogueira da Gama destaca ainda que:

> No direito brasileiro, a pessoa jurídica se caracteriza pela existência de personalidade jurídica autônoma e, assim, distinta daqueles que a integram como sócios, associados, fundadores ou administradores, sendo-lhe reconhecida a subjetividade como consectário da ideia de sujeito de direito e obrigações. Da mesma forma, reconhece-se patrimônio próprio, autônomo e independente das pessoas físicas (ou mesmo jurídicas) que compõem o quadro societário, associativo ou fundacional. A personalização da pessoa jurídica se justifica de modo a plasmar a instrumentalidade do instituto, permitindo o atingimento dos objetivos e fins a que ela se propõe e que, simultaneamente, são reconhecidos como legítimos e lícitos de acordo com a ordem jurídica em vigor. Desse modo, caso o instituto da pessoa jurídica venha ser utilizado em contrariedade aos objetivos legais, deturpando os propósitos da própria razão de ser da existência e constituição da pessoa jurídica, não se pode admitir que o manto da autonomia subjetiva e objetiva sirva de escudo para provocação de resultados contrários aos desejados na ordem jurídica. Daí o surgimento da teoria da desconsideração da personalidade da

[132] COELHO, Fábio Ulhoa. Curso de direito comercial, vol. 2, 13ª ed. São Paulo: Saraiva, 2009, p. 42

> pessoa jurídica, entre outros instrumentos para coibir, reprimir e sancionar o uso equivocado da pessoa jurídica.[133]

A desconsideração da personalidade jurídica foi codificada pela primeira vez no Brasil através do Código de Defesa do Consumidor (CDC), como forma de garantir os direitos de reparação ao consumidor.

O Código Civil de 2002, em seu artigo 50, passou a disciplinar a desconstituição da personalidade jurídica no âmbito das relações estritamente civis.

Ao contrário do Código de Defesa do Consumidor, o Código Civil elencou apenas duas hipóteses em que se possibilita a desconsideração, quais sejam: quando houver confusão patrimonial da empresa e dos sócios; ou quando houver desvio de finalidade da pessoa jurídica.

Os autores do Código de Defesa do Consumidor destacam o seguinte sobre esse artigo:

> O texto introduz uma novidade, pois é a primeira vez que o Direito legislado acolhe a teoria da desconsideração sem levar em conta a configuração da fraude ou do abuso do direito. De fato, o dispositivo pode ser aplicado pelo juiz se o fornecedor (em razão de má administração, pura e simplesmente) encerrar suas atividades como pessoa jurídica.
>
> (...)
>
> O parágrafo 1º do art. 28 – vetado pelo presente da República – dispõe que 'a pedido da parte interessada o juiz determinará que a efetivação da responsabilidade da pessoa jurídica recaia sobre o acionista controlador, o sócio majoritário, os sócios-gerentes, os administradores societários e, no caso de grupo societário, as sociedades que o integram.
>
> Nas razões de veto encaminhadas ao presente do Senado Federal, o presente da República considera que 'o caput do art. 28 já contém todos os elementos necessários à aplicação da desconsideração da personalidade jurídica, que constitui, conforme doutrina ampla-

[133] GAMA, Guilherme Calmon Nogueira da. Desconsideração da personalidade jurídica: visão crítica da jurisprudência. São Paulo: Atlas, 2009, p. 4

> mente dominante no Direito pátrio e alienígena, técnica excepcional de repressão às práticas abusivas.
>
> (...) Por sua vez, os parágrafos 2º, 3ºe 4º do art. 28 disciplinam a responsabilidade solidária – em via principal ou subsidiária – das sociedades componentes dos grupos societários, bem como das sociedades consorciadas e coligadas.
>
> No plano sistemático, todos eles padecem do vício da pertinência, pois estão sediados nos limites incidentais da Seção V, relativa à desconsideração da personalidade jurídica, quando, em verdade, estariam melhor situados na Seção III, relativa à responsabilidade por vício do produto ou serviço.
>
> De todo modo, fica o registro desse vício e a consideração de que o grupo de sociedades – nos termos do art. 265 e segs. Da Lei das Sociedades Anônimas (lei nº 6.404, de 15 de dezembro de 1976) – é constituído por sociedade controladora e suas controladas, ou seja, por sociedades que detêm o controle acionário, ditas sociedades de comando, e por suas filiadas. [134]

Guilherme Calmon Nogueira da Gama acrescenta ainda que "Seguindo-se a análise das hipóteses do caput do art. 28 nos julgamentos pesquisados, aparece o encerramento das atividades empresariais como requisito suficiente para a desconsideração da personalidade jurídica."[135].

E não é só. Nesta mesma obra esclarece-se que a desconstituição pode ser operada para sociedades integrantes dos grupos societários, para sociedades controladas, por sociedades consorciadas e por sociedades coligadas. Tendo em vista que a franqueadora não se encaixa em nenhuma dessas figuras, conforme já citado, ainda que venha ser responsabilizada perante o consumidor por atos praticados por seus franqueados, não poderá haver a desconstituição da personalidade jurídica.

Adalberto Simão Filho esclarece que:

> Espera-se, porém, que a construção jurisprudencial que se firmará em torno destes dispositivos legais fixe os limites desta des-

[134] Código Brasileiro de defesa do consumidor: comentado pelos autores do anteprojeto / Ada Pellegrini Grinover... (et al.) – 7ª ed. Rio de Janeiro: Forense Universitária, 2001. p. 212 e 213

[135] GAMA, Guilherme Calmon Nogueira da. Desconsideração da personalidade jurídica: visão crítica da jurisprudência. São Paulo: Atlas, 2009, p. 112

> consideração de personalidade jurídica sem, no entanto, afastar-se das demais regras de direito comercial e civil, resgatando os princípios decorrentes da personalidade jurídica, para o bom andamento das relações comerciais.[136]

Sobre o mesmo tema, o Ministro HERMAN BENJAMIN, destaca que "em regra, a desconsideração da personalidade jurídica é motivada pelo uso fraudulento ou abusivo da autonomia patrimonial da pessoa jurídica"[137].

[136] SIMÃO FILHO, Adalberto, Franchising: aspectos jurídicos e contratuais. 2ª ed. – São Paulo: Atlas, 1997, p.130

[137] BRASIL. Superior Tribunal de Justiça. AgRg no REsp 1307639/RJ, Rel. Ministro HERMAN BENJAMIN, SEGUNDA TURMA, julgado em 17/05/2012, DJe 23/05/2012
PROCESSUAL CIVIL. AGRAVO REGIMENTAL. DESCONSIDERAÇÃO DA PERSONALIDADE JURÍDICA. DECISÃO QUE ATINGE A ESFERA JURÍDICA DOS SÓCIOS. INTERESSE E LEGITIMIDADE RECURSAIS DA PESSOA JURÍDICA. AUSÊNCIA.
1. De plano, constata-se que a única questão decidida pelo Tribunal a quo diz respeito ao interesse recursal da pessoa jurídica para se insurgir contra decisão que incluiu os sócios no polo passivo da relação processual, em decorrência da desconsideração da personalidade jurídica. Portanto, não se pode conhecer da matéria atinente à alegada ausência de dissolução irregular, sob pena de ofensa às Súmulas 7 e 211/STJ.
2. As razões recursais sugerem equivocada compreensão da teoria da desconsideração da personalidade jurídica por parte da recorrente.
Essa formulação teórica tem a função de resguardar os contornos do instituto da autonomia patrimonial, coibindo seu desvirtuamento em prejuízo de terceiros.
3. Em regra, a desconsideração da personalidade jurídica é motivada pelo uso fraudulento ou abusivo da autonomia patrimonial da pessoa jurídica. E essa manipulação indevida é realizada por pessoas físicas, a quem é imputado o ilícito. Por meio desse mecanismo de criação doutrinária, o juiz, no caso concreto, pode desconsiderar a autonomia patrimonial e estender os efeitos de determinadas obrigações aos responsáveis pelo uso abusivo da sociedade empresária.
4. A desconsideração da personalidade jurídica da sociedade opera no plano da eficácia, permitindo que se levante o manto protetivo da autonomia patrimonial para que os bens dos sócios e/ou administradores sejam alcançados. Nesse sentido, elucidativos precedentes das Turmas da Seção de Direito Privado do STJ: REsp 1.169.175/DF, Rel. Ministro Massami Uyeda, Terceira Turma, DJe 4.4.2011; REsp 1.141.447/SP, Rel. Ministro Sidnei Beneti, Terceira Turma, DJe 5.4.2011; RMS 25.251/SP, Rel. Ministro Luis Felipe Salomão, Quarta Turma, DJe 3.5.2010).
5. A decisão jurisdicional que aplica a aludida teoria importa prejuízo às pessoas físicas afetadas pelos efeitos das obrigações contraídas pela pessoa jurídica. A rigor, ela resguarda interesses de credores e da própria sociedade empresária indevidamente manipulada. Por isso, o Enunciado 285 da IV Jornada de Direito Civil descreve que "A teoria da desconsideração, prevista no art. 50 do Código Civil, pode ser invocada pela pessoa jurídica em seu favor".
6. A ideia de prejuízo e a necessidade de obter provimento mais benéfico são fundamentais para a caracterização do interesse recursal (Barbosa Moreira, Comentário ao Código de

Acrescenta ainda, que "A desconsideração da personalidade jurídica da sociedade opera no plano da eficácia, permitindo que se levante o manto protetivo da autonomia patrimonial para que os bens dos sócios e/ou administradores sejam alcançados."[138].

Por fim, o Ministro HERMAN BENJAMIN destaca em seu voto que:

> A desconsideração da personalidade jurídica da sociedade opera no plano da eficácia, permitindo que seja levantado o manto protetivo da autonomia patrimonial para que os bens dos sócios e/ou administradores sejam alcançados. Nesse sentido, confiram-se elucidativos precedentes das Turmas da Seção de Direito Privado do STJ:
>
> RECURSO ESPECIAL - DIREITO CIVIL - ARTIGOS 472, 593, II e 659, § 4º, DO CÓDIGO DE PROCESSO CIVIL - FUNDAMENTAÇÃO DEFICIENTE - INCIDÊNCIA DA SÚMULA 284/STF - DESCONSIDERAÇÃO DA PERSONALIDADE JURÍDICA DA SOCIEDADE EMPRESÁRIA - MEDIDA EXCEPCIONAL - OBSERVÂNCIA DAS HIPÓTESES LEGAIS - ABUSO DE PERSONALIDADE - DESVIO DE FINALIDADE – CONFUSÃO PATRIMONIAL - DISSOLUÇÃO IRREGULAR DA SOCIEDADE - ATO
>
> EFEITO PROVISÓRIO QUE ADMITE IMPUGNAÇÃO - BENS DOS SÓCIOS - LIMITAÇÃO ÀS QUOTAS SOCIAIS - IMPOSSIBILIDADE - RESPONSABILIDADE DOS SÓCIOS COM TODOS

Processo Civil, vol. V, 14ª ed., Rio de Janeiro, Forense, 2008, p. 299). Segundo o art. 499 do CPC, o recurso pode ser interposto pela parte vencida, pelo terceiro prejudicado e pelo Ministério Público.

7. Desse modo, não há como reconhecer interesse à pessoa jurídica para impugnar decisão que atinge a esfera jurídica de terceiros, o que, em tese, pode preservar o patrimônio da sociedade ou minorar sua diminuição; afinal, mais pessoas estariam respondendo pela dívida contra ela cobrada originalmente.

8. Em casos análogos, a jurisprudência do STJ tem afirmado que a pessoa jurídica não possui legitimidade nem interesse recursal para questionar decisão que, sob o fundamento de ter ocorrido dissolução irregular, determina a responsabilização dos sócios (EDcl no AREsp 14.308/MG, Rel. Ministro Humberto Martins, Segunda Turma, DJe 27.10.2011; REsp 932.675/SP, Rel. Ministro Castro Meira, Segunda Turma, DJ 27.8.2007, p. 215; REsp 793.772/RS, Rel. Ministro Teori Albino Zavascki, Primeira Turma, DJe 11.2.2009).

9. Agravo Regimental não provido.

[138] BRASIL. Superior Tribunal de Justiça. AgRg no REsp 1307639/RJ, Rel. Ministro HERMAN BENJAMIN, SEGUNDA TURMA, julgado em 17/05/2012, DJe 23/05/2012

OS BENS PRESENTES E FUTUROS NOS TERMOS DO ART. 591 DO CPC - RECURSO ESPECIAL PARCIALMENTE CONHECIDO E, NESSA EXTENSÃO, IMPROVIDO.

(...)

II - A desconsideração da personalidade jurídica é um mecanismo de que se vale o ordenamento para, em situações absolutamente excepcionais, desencobrir o manto protetivo da personalidade jurídica autônoma das empresas, podendo o credor buscar a satisfação de seu crédito junto às pessoas físicas que compõem a sociedade, mais especificamente, seus sócios e/ou administradores .

III - Portanto, só é admissível em situações especiais quando verificado o abuso da personificação jurídica, consubstanciado em excesso de mandato, desvio de finalidade da empresa, confusão patrimonial entre a sociedade ou os sócios, ou, ainda, conforme amplamente reconhecido pela jurisprudência desta Corte Superior, nas hipóteses de dissolução irregular da empresa, sem a devida baixa na junta comercial. Precedentes.

IV - A desconsideração não importa em dissolução da pessoa jurídica, mas se constitui apenas em um ato de efeito provisório, decretado para determinado caso concreto e objetivo, dispondo , ainda, os sócios incluídos no pólo passivo da demanda, de meios processuais para impugná-la.

V - A partir da desconsideração da personalidade jurídica, a execução segue em direção aos bens dos sócios, tal qual previsto expressamente pela parte final do próprio art. 50, do Código Civil e não há, no referido dispositivo, qualquer restrição acerca da execução, contra os sócios, ser limitada às suas respectivas quotas sociais e onde a lei não distingue, não é dado ao intérprete fazê-lo.

VI - O art. 591 do Código de Processo Civil é claro ao estabelecer que os devedores respondem com todos os bens presentes e futuros no cumprimento de suas obrigações, de modo que, admitir que a execução esteja limitada às quotas sociais levaria em temerária e indevida desestabilização do instituto da desconsideração da personalidade jurídica que

vem há tempos conquistando espaço e sendo moldado às características de nosso ordenamento jurídico.

> VII - Recurso especial parcialmente conhecido e, nessa extensão, improvido.
> (REsp 1169175/DF, Rel. Ministro MASSAMI UYEDA, TERCEIRA TURMA, DJe 04/04/2011).

Nota-se, assim, que o instituto da desconsideração da pessoa jurídica, que ignora a existência da pessoa jurídica para responsabilizar pessoalmente seus sócios pelas consequências de relações jurídicas que a envolvam, deve ser utilizado em caráter excepcional quando houver uso fraudulento ou abusivo da autonomia patrimonial da pessoa jurídica. Elizabeth Cristina Campos Martins de Freitas acrescenta ainda que:

> Por isso é que cada caso de desconsideração da personalidade jurídica deve ser examinado em separado com minúcia, para que, mesmo utilizando critérios mais objetivos, seja possível apurar a realidade dos fatos e, por consequinte, encontrar a melhor forma de solucionar a questão controvertida apresentada.
> (...)
> Além disso, faz-se necessário sempre lembrar o fato de que a desconsideração da personalidade jurídica em momento algum perderá seu caráter de exceção à regra do art. 20 do Código Civil de 1916 (não repetido expressamente no Novo Código Civil).[139]

1.5. A responsabilidade do franqueador pelas verbas trabalhistas decorrentes da contratação de empregados do franqueado

Outra questão que surge no estudo da franquia é a possibilidade de responsabilização da empresa franqueadora por débitos trabalhistas de seus franqueados.

Em se tratando de contrato de franquia, claro deve restar que a Franqueadora não possui qualquer vínculo ou responsabilidade quanto às reclamações trabalhistas dos empregados dos seus franqueados, pois se trata

[139] FREITAS, Elizabeth Cristina Campos Martins de. Desconsideração da personalidade jurídica: análise à luz do código de defesa do consumidor e do código civil. 2ª ed. São Paulo: Atlas, 2004, p.102

apenas de empresa franqueadora, que absolutamente desconhece muitos dos empregados dos seus franqueados ou o seu labor.

E não só. Não se notam os requisitos determinados no artigo 3º da CLT, entre a franqueadora e o empregado do franqueado, ou seja: pessoalidade, dependência, subordinação, habitualidade e onerosidade.

Nem mesmo com os franqueados existe qualquer vínculo societário, ou trabalhista, sendo que isso esclarecido expressamente no artigo 2º da Lei 8.955/94, que dispõe o seguinte:

> Art. 2º - Franquia empresarial é o sistema pelo qual um franqueador cede ao franqueado o direito de uso de marca ou patente, associado ao direito de distribuição exclusiva ou semi exclusiva de produtos ou serviços e, eventualmente, também ao direito de uso de tecnologia de implementação e administração de negócio ou sistema operacional desenvolvidos ou detidos pelo franqueador, mediante remuneração direta ou indireta, sem que, no entanto, fique caracterizado o vínculo empregatício.

Adalberto Simão Filho esclarece esse artigo da seguinte forma:

> O tópico final do artigo em análise contempla a independência e autonomia completa entre franqueador e franqueado, no que tange aos vínculos empregatícios (inexistentes no instituto em análise.).
>
> Esta expressão relativa à não-caracterização do vínculo empregatício se fazia necessário porque, em muitas relações de *franchising*, a proximidade da parceria entre franqueador e franqueado e a estreiteza dos laços entre estes, com subordinação a manuais de operação e a diretrizes pré-traçadas, muitas vezes era entendida na Justiça do Trabalho como relação de emprego e desta concepção decorreriam as condenações próprias. [140]

Pelo fato da franqueadora não promover qualquer ingerência na administração dos negócios do franqueado, quanto mais nas relações de trabalho

[140] SIMÃO FILHO, Adalberto, Franchising: aspectos jurídicos e contratuais. 2ª ed. – São Paulo: Atlas, 1997, p.94

que este mantém com seus empregados, tratando-se franqueado e franqueadora de pessoas jurídicas plenamente distintas, nota-se uma absoluta ausência de qualquer liame legal que pudesse de alguma maneira vincular os funcionários de uma com a outra.

Por esse motivo, os Tribunais de Justiça Brasileiros mantêm o entendimento de que a franqueadora não pode ser responsabilizada pelos débitos trabalhistas de seus franqueados[141]:

[141] *FRANCHISING* – RESPONSABILIDADE SOLIDÁRIA. O contrato mercantil de *franchising*, de que cuida a Lei nº 8955/94, firmado por sociedades autônomas, com personalidades jurídicas próprias e quadro societário diverso, afasta a caracterização de grupo econômico e, conseqüentemente, a responsabilidade solidária prevista no art. 2º, parágrafo 2º, da CLT". (BRASIL. Tribunal Regional do Trabalho. TRT 3ª R. – 2ª Turma – RO nº 8289/01 – Rel. Juiz José Maria Caldeira, DJMG de 17/08/2001, p. 17).
CONTRATO DE FRANQUIA – RESPONSABILIDADE SOLIDÁRIA – Quando fica demonstrado pela prova nos autos que a ingerência da franqueadora nos negócios do franqueado ocorria apenas no plano de orientação técnica, como forma de preservar a excelência do método por ela utilizado, não há como considerá-la responsável solidária pelos valores objetos da condenação. (BRASIL. Tribunal Regional do Trabalho. TRT 3ª R. – 3ª Turma – RO nº 22102/99 – Rel. Juiz Luiz Ronan Neves Kouryb – DJMG de 11/07/2000, p. 11)
FRANCHISING – RESPONSABILIDADE SUBSIDIÁRIA DA EMPRESA FRANQUEADORA. A franqueadora não é responsável pelos créditos trabalhistas inadimplidos pela empresa franqueada, porquanto o contrato de franquia não é figura jurídica capaz de atrair a responsabilidade solidária/subsidiária. Embora exista uma comunhão de interesses entre franqueador e franqueado, ela é restrita as peculiaridades do contrato". (BRASIL. Tribunal Regional do Trabalho. TRT 3ª R. – 5ª Turma – RO nº 19687/98 – Rel. Juiz Fernando Antônio de Menezes Lopes – DJMG de 19/06/1999, p. 17)
EMENTA: *FRANCHISING* – RESPONSABILIDADE TRABALHISTA DA FRANQUEADORA INEXISTÊNCIA. O fato de a empresa franqueadora estabelecer uma série de exigências e de padronizar os produtos e forma de comercialização, são características naturais do *franchising*, pois, não pode a franqueadora deixar seu nome – seu maior patrimônio – ser exposto de qualquer forma. Qualquer falha na comercialização ou na qualidade do produto, importa em prejuízos para a "m0arca", isto é, eventual insatisfação do cliente não será dirigida ao estabelecimento comercial específico, mas sim à marca objeto do contrato de *franchising*. Portanto, o rigoroso controle da franqueadora sobre a franqueada, única forma de manter valorizado seu nome (como já dito, seu maior patrimônio), não torna aquela tomadora de serviços e esta prestadora de serviços, de modo a reconhecer-se a responsabilidade subsidiária da primeira por possíveis débitos trabalhistas da segunda". Este o entendimento da bem lançada sentença da lavra do Juiz Leonardo Passos Ferreira, que se mantém, para declarar inexistente, qualquer responsabilidade trabalhista da franqueadora para satisfação dos eventuais créditos trabalhistas dos empregados da franqueada". (BRASIL. Tribunal Regional do Trabalho. TRT 3ª R. – 5ª Turma – RO nº 5059/00 – Rel. Juiz Fernando Luiz Gonçalves Rios Neto – DJMG 09/09/2000 – p. 19)

CONTRATO DE "*FRANCHISING*". RESPONSABILIDADE DO FRANQUEADOR. O franqueador não responde solidária ou subsidiariamente pelos créditos inadimplidos pelo franqueado. Ambos são pessoas distintas, com autonomia própria. Seus patrimônios não se fundem, nem se confundem. Não formam grupo econômico. O papel de tomador de serviços também não cabe ao franqueador. O controle externo do franqueador sobre o franqueado decorre de obrigações civis e comerciais decorrentes do ajuste firmado, uma vez que o contratado deve zelar pela boa reputação da marca, dos produtos, do sistema operacional e dos métodos de trabalho pertencentes ao franqueador, que lhe concede licença de uso mediante o pagamento de royalties. Cuida-se de característica ínsita desse negócio jurídico, entendido como tipicamente mercantil". (BRASIL. Tribunal Regional do Trabalho. TRT 3ª R. – 2ª Turma – RO nº 5589/02 – Rel. Juiz Luiz Fernando Antônio de Menezes Lopes - DJMG de 03/07/2002, p. 11)
RESPONSABILIDADE SOLIDÁRIA. CONTRATO DE FRANQUIA. Não se caracteriza a responsabilidade solidária preconizada no § 2º do artigo 2º da CLT quando firmado autêntico contrato de franquia, nos termos preconizados na Lei 8.955/94.
(BRASIL. Tribunal Regional do Trabalho. TRT 15ª região, Decisão N° 005434/2005-PATR. Agravo de Petição - Juiz(a): EDUARDO BENEDITO DE OLIVEIRA ZANELLA).
Contrato de Franquia. Não configurada responsabilidade solidária do franqueador. Não se verifica a responsabilidade solidária do franqueador pelo cumprimento das obrigações da franqueada, primeiro porque a solidariedade somente decorre de lei ou de contrato entre as partes, hipóteses não verificadas no caso em tela, segundo pelo fato de que nos contratos de franquia há duas empresas autônomas e independentes e terceiro porque da própria Lei 8955/94 que dispõe sobre o contrato de franquia verificamos que ao estabelecer na parte final do seu artigo 2º a inexistência de vínculo empregatício entre franqueador e franqueado torna-se inequívoco o seu espírito de traçar uma fronteira marcante entre as duas empresas com uma linha divisória acentuada entre as obrigações assumidas pela franqueada contra terceiros e as obrigações contraídas pela franqueadora que são totalmente diversas. (BRASIL. Tribunal Regional do Trabalho. TRT 2ª Região - RO nº 02990258536/99 - Relator Marcelo Freire Gonçalves - Julg. 27.06.2000)
CONTRATO DE FRANQUIA RESPONSABILIDADE DA EMPRESA FRANQUEADORA – Provada a existência de apenas contrato regular de franquia firmado entre as reclamadas e não demonstrada qualquer ingerência da empresa de *franchising* no giro dos negócios da franqueada, senão a normal fiscalização decorrente desse tipo de contrato civil, com vistas ao resguardo do padrão da qualidade dos serviços e da preservação do nome comercial da franqueadora, não há espaço para a sua responsabilidade pelos créditos trabalhistas dos empregados da concessionária da franquia." (BRASIL. Tribunal Regional do Trabalho. TRT 3ª R. – 2ª Turma – RO nº 1352/01 – Rel. Juíza Alice Monteiro de Barros – DJMG 04/04/2001 p. 25)
Acórdão Inteiro Teor
NÚMERO ÚNICO PROC: RR - 8078/2002-900-02-00
PUBLICAÇÃO: DJ - 07/11/2008
2ª Turma JSF/ES/afs/sgc
RESPONSABILIDADE SUBSIDIÁRIA. FRANQUEADOR. A relação estabelecida no contrato de franquia possui natureza jurídica de concessão de direitos por parte da franqueadora, mediante remuneração, não se caracterizando esta como empresa tomadora de serviços ou

intermediadora de mão-de-obra. Dessa forma, a franqueadora não responde subsidiariamente pelos créditos trabalhistas inadimplidos pela franqueada. Há precedentes. Recurso de Revista conhecido e provido.

(...)

A relação estabelecida no contrato de franquia possui natureza jurídica de concessão de direitos por parte da franqueadora, mediante remuneração, não se caracterizando esta como empresa tomadora de serviços ou intermediadora de mão-de-obra.

Ademais· esta Corte vem se posicionando no sentido de que inaplicável a Súmula 331, IV, do TST ao contrato de franquia, conforme demonstram os seguintes precedentes:

RECURSO DE REVISTA. CONTRATO DE FRANQUIA RESPONSABILIDADE. Nos termos da Lei nº 8.955/94, a vinculação dos contratantes, no contrato de franquia, limita-se à relação de natureza civil, mantendo-se, portanto, a autonomia das pessoas jurídicas. Com efeito, o contrato de franquia possui natureza jurídica de concessão de direitos por parte da franqueadora, mediante remuneração, não se caracterizando esta como empresa tomadora de serviços, ou sequer, intermediadora de mão-de-obra. É de se reconhecer que o vínculo estabelecido entre as empresas, mediante o contrato de franquia, é regido, especificamente, pela lei supramencionada, o que logra afastar a possibilidade de ser reconhecida a terceirização típica de que trata a Súmula nº 331 do TST - obviamente, desde que não haja comprovação de realidade fática distinta, o que não restou configurado nos autos, conforme quadro delineado pelo eg. TRT. Recurso de revista conhecido e desprovido (AIRR - 4191/2004-014-12-40, DJ de 15/04/2005, Rel. Min. Renato de Lacerda Paiva).

RECURSO DE REVISTA. CONTRATO DE FRANQUIA. RESPONSABILIDADE SUBSIDIÁRIA. SÚMULA 331, IV. INAPLICABILIDADE. Franquia empresarial, nos termos do art. 2º da Lei nº 8.955/94, é o sistema pelo qual um franqueador cede ao franqueado o direito de uso de marca ou patente, associado ao direito de distribuição exclusiva ou semi-exclusiva de produtos ou serviços e, eventualmente, também ao direito de uso de tecnologia de implantação e administração de negócio ou sistema operacional desenvolvidos ou detidos pelo franqueador, mediante remuneração direta ou indireta, sem que, no entanto, fique caracterizado vínculo empregatício. A franqueadora não se assimila a empresa tomadora de serviços, o que afasta a possibilidade de se lhe impor responsabilidade subsidiária pelos débitos da franqueada, em relação a seus empregados, nos moldes da Súmula nº 331, IV, do TST. Com efeito, em regra, a franqueadora não interfere na gestão dos empregados da franqueada. Recurso de revista conhecido e provido (RR - 3692/2003-201-02-00, DJ 14/12/2007, Rel. Min. Alberto Bresciani).

AGRAVO DE INSTRUMENTO - RESPONSABILIDADE SUBSIDIÁRIA - CONTRATO DE FRANQUIA - INAPLICABILIDADE DA SÚMULA 331, IV, DO TST . Se o agravo de instrumento não logra demonstrar que a revista, quanto à responsabilidade subsidiária no contrato de franquia, não esbarrava na Súmula 333 do TST, no sentido de que esta Corte tem entendido ser inaplicável a Súmula 331, IV, do TST ao caso concreto em razão das peculiaridades inerentes ao contrato de franquia, que possui natureza jurídica de concessão de direitos por parte da franqueadora, mediante remuneração, não se caracterizando esta como empresa tomadora de serviços ou intermediadora de mão-de-obra, não há como autorizar o seu trânsito (ED-AIRR - 131/2004-095-15-40, DJ 30/11/2007, Rel. Min. Ives Gandra Martins Filho).

3. CONTRATO DE FRANQUIA. RESPONSABILIDADE SUBSIDIÁRIA. INEXISTÊNCIA. Ressalvada a hipótese de fraude cabalmente demonstrada, a existência de contrato de

(...) O contrato mercantil de "*franchising*", de que trata a Lei nº 8955/94, em especial o art. 2º, caracterizado entre as empresas-demandadas, autônomas, com personalidades jurídicas próprias e diversidade de sócios, impede a caracterização do grupo econômico, e, por conseqüência, o reconhecimento da responsabilidade solidária prevista no artigo 2º, § 2º da CLT." (acórdão do TST - Segunda Turma - decisão em 23.05.2001 - Recurso de Revista nº 565433/1999.1 - publicado no D.J., em 22.06.2001, pg. 414).

RECURSO DE REVISTA. ILEGITIMIDADE AD CAUSAM. CONTRATO DE FRANQUIA. RESPONSABILIDADE SUBSIDIÁRIA. Nos termos da Lei nº 8.955/94, a vinculação dos contratantes, no contrato de franquia, limita-se à relação de natureza civil, mantendo-se, portanto, a autonomia das pessoas jurídicas. Com efeito, o contrato de franquia possui natureza jurídica de concessão de direitos por parte da franqueadora, mediante remuneração, não se caracterizando esta como empresa tomadora de serviços, ou sequer, intermediadora de mão-de-obra. É de se reconhecer que o vínculo estabelecido entre as empresas, mediante o contrato de franquia, é regido especificamente pela lei supramencionada, o que logra afastar a possibilidade de ser reconhecida a terceirização típica de que trata a Súmula nº 331 do TST - obviamente, desde que não haja comprovação de realidade fática distinta, o que não restou configurado nos

franquia, nos termos da Lei nº 8.955/94 e não de intermediação de mão de obra, não rende ensejo ao reconhecimento da responsabilidade subsidiária da pessoa jurídica franqueadora. Outrossim, estando a celeuma adstrita ao conjunto fático-probatório, defesa a alteração do quadro decisório nesta instância extraordinária, a teor do Enunciado de nº 126 do TST. Agravo de Instrumento a que se nega provimento (AIRR - 4191/2004-014-12-40, DJ de 15/04/2005, Rel. Min. Juiz Convocado Ricardo Machado)

Ante o exposto, dou provimento ao Recurso de Revista para, reformando o acórdão regional, afastar a responsabilidade subsidiária da Empresa Brasileira de Correios e Telégrafos ECT.

ISTO POSTO ACORDAM os Ministros da Segunda Turma do Tribunal Superior do Trabalho, por unanimidade, conhecer do Recurso de Revista, por divergência jurisprudencial, e, no mérito, dar-lhe provimento para afastar a responsabilidade subsidiária da Empresa Brasileira de Correios e

Telégrafos ECT.

Brasília, 22 de outubro de 2008.

JOSÉ SIMPLICIANO FONTES DE F. FERNANDES

Ministro-Relator

NIA: 4556210

> autos, conforme quadro delineado pelo eg. TRT. Recurso de revista conhecido e provido (RR 27510/2000-006-09-00, DJ 23/05/08).

Nesse sentido Adalberto Simão Filho:

> Não havendo vínculo empregatício entre o franqueador e o franqueado, não há falar possam os funcionários deste último serem considerados empregados do franqueador, em face do princípio da autonomia e independência entre as partes, característica própria do *franchising*. Por esta razão, em eventuais casos desta natureza levados aos tribunais laborais caberá aos julgadores uma investigação aprofundada a respeito do sistema de *franchising* em operação, para se detectar se houve alguma situação de fraude ou ilícito que possa possibilitar a eventual transferência de responsabilidade ao franqueador, dentro dos princípios que direcionam o direito do trabalho no que tange à agremiação de empresas com objetivo comum. [142]

Portanto, não há qualquer responsabilidade decorrente de contrato de trabalho que vincule a Franqueadora aos empregados dos franqueados, vez que só há pacto laboral com o Franqueado e, por sua vez, o vínculo deste com a Franqueadora é simplesmente o decorrente do contrato de Franquia.

E poderia ser alegada a existência de grupo econômico entre franqueado e franqueadora, com o objetivo de aplicar a responsabilidade solidária prevista no artigo 2º, § 2º da CLT?

O artigo 2º da Consolidação das Leis do Trabalho em seu parágrafo segundo estabelece:

> Sempre que uma ou mais empresas, tendo, embora, cada uma delas, personalidade jurídica própria, estiverem sob a direção, controle ou administração de outra, constituindo grupo industrial, comercial ou de qualquer outra atividade econômica, serão, para os efeitos da relação de emprego, solidariamente responsáveis a empresa principal e cada uma das subordinadas.

[142] SIMÃO FILHO, Adalberto, Franchising: aspectos jurídicos e contratuais. 2ª ed. – São Paulo: Atlas, 1997, p.94

José Augusto Rodrigues Pinto esclarece que o batismo e o conceito do moderno grupo econômico são formados "por um grupo de empresas, cada qual mantendo direção própria para a sua atividade, mas todas sujeitas à coordenação geral, de sentido econômico, da controladora do capital social."[143].

Adicionado à definição do grupo econômico, vale destacar que o artigo 2º da Lei nº 8.955/94 exclui expressamente a existência de qualquer possibilidade de caracterização de vínculo empregatício entre franqueado e franqueador, destacando que entre eles existe uma cessão de ideias e conceitos para utilização no âmbito comercial de venda de produtos e/ou serviços, cessão esta vinculada a determinada marca ou a determinado sistema patenteado, ou seja, cessão de direitos, tendo como contrapartida uma remuneração.

Ademais disso, na relação estabelecida entre a franqueadora e o franqueado não se encontram os requisitos próprios do art. 2º, § 2º, da CLT, sendo que a existência da cooperação empresarial não é capaz, per si, de configurar as empresas envolvidas em ajuste de *franchising* como integrantes de um grupo econômico, eis que a capacidade de controle da qualidade por parte da franqueadora, no sentido de preservar a integridade da marca ou sistema patenteado cedido, não caracteriza subordinação de comando própria do conceito de grupo econômico.

No sistema de franquia estabelece-se uma relação contratual onde as condições da franqueadora são previamente aceitas pelo franqueado, havendo uma cessão de *know how*, ou seja, a franqueadora cede seus conhecimentos e a forma como desenvolve e conduz suas atividades para que o franqueado, por sua conta e risco, desenvolva atividade jurídico-administrativa-financeira independente, necessária e obrigatoriamente semelhante, sem que ao franqueador seja atribuído ou resguardado qualquer tipo de gerência sobre o negócio do franqueado.

Note-se que para que o grupo industrial, comercial ou de qualquer outra atividade econômica seja solidário nas obrigações trabalhistas faz-se necessária a presença de uma relação de dominação, dados os conceitos de direção, controle ou administração. Assim, o controle, direto ou indireto, é um dos fundamentos destes conceitos, pois é necessário para sua efetivação.

[143] PINTO, José Augusto Rodrigues. Curso de Direito Individual do Trabalho. 2ª ed. São Paulo: LTr. 1995. p. 153

Desta sorte uma empresa deve, para os efeitos da norma trabalhista, possuir influência dominante sobre as outras sociedades, sendo esta uma forma necessária e suficiente para controlar as atividades das empresas participantes do grupo econômico.

No caso de duas empresas serem, ainda que no sentido mais abrangente, participantes de um mesmo grupo econômico, não havendo controle direito ou indireto, não há que se falar em responsabilidade decorrente dos efeitos da relação de emprego, nos termos do texto legal acima transcrito.

Outro entendimento errôneo é que a empresa franqueada presta à empresa franqueadora determinados serviços que a primeira não consegue e/ou não pode desenvolver, em decorrência da magnitude do que o empreendimento empresarial demandaria, olvidando-se de que o franqueado, para iniciar um novo negócio, vale-se das vitórias do franqueador, sendo que se fosse desenvolver o seu próprio negócio, enfrentaria uma infinidade de dificuldades e problemas. Na verdade a franqueada utiliza os conhecimentos do franqueador para desenvolver o seu negócio, remunerando este pelos serviços prestados, e não o inverso.

Assim, não é possível conceber a responsabilização solidária ou subsidiariamente da Franqueadora pelas verbas decorrentes de relação empregatícia havida entre um franqueado e seus funcionários, posto que na relação de franquia o enunciado nº 331 do TST não se aplica, eis que, conforme já amplamente se expôs, nos contratos de franquia apenas existe a cessão de direitos, em hipótese alguma traduzindo-se em terceirização de mão de obra.

O franqueador e franqueado têm entre si obrigações civis e comerciais, devidamente previstas no contrato firmado, jamais podendo ser confundida com qualquer tipo de ingerência. Neste sentido também a jurisprudência vem se solidificando[144]:

[144] "RESPONSABILIDADE SUBSIDIÁRIA / SOLIDÁRIA. FRANQUIA. INEXISTÊNCIA. O princípio de responsabilidade trabalhista – segundo o qual todo aquele que se beneficia direta ou indiretamente do trabalho empregado deve responder com seu patrimônio pelo adimplemento das obrigações correspondentes – não se aplica normalmente aos casos de franquia. Isso porque os contratos dessa natureza prevêem apenas a cessão do uso de marcas, métodos de produção, de relacionamento com o mercado etc. e, por vezes, o fornecimento de matéria prima ou de produtos acabados, sem que o franqueador se aproprie direta ou indiretamente do labor dos trabalhadores do franqueado. Somente em casos excepcionais é que tem utilidade, quanto a relação entre ambos extrapola esse âmbito, chagando ao ponto de um intervir na gerência e na administração do outro, em situação análoga à do grupo econômico.

Desta forma entendemos que a franqueadora não pode ser responsabilizada, seja solidária ou subsidiária, nas ações propostas por funcionários de seus franqueados, uma vez que irremediavelmente o vínculo empregatício apenas e tão somente se aperfeiçoa com o franqueado-empregador.

Nessa hipótese emerge, podendo ser aplicado em conjunto com o artigo 9º da Consolidação das Leis do Trabalho. (BRASIL. Tribunal Regional do Trabalho. TRT 15ª região - Decisão N° 001092/2004-PATR.- RECURSO ORDINÁRIO- Juiz(a): RICARDO REGIS EMENTA LARAIA)".
"CONTRATO DE FRANQUIA EMPRESARIAL - RESPONSABILIDADE DO FRANQUEADOR - IMPOSSIBILIDADE - O contrato de franquia não atrai a responsabilidade subsidiária da empresa franqueadora, que não tem qualquer responsabilidade pelos débitos trabalhistas da franqueada, não sendo modalidade de trabalho terceirizado que enseje o critério de responsabilização do Enunciado 331, IV, do C. TST. Tratam- se de sociedades autônomas, com personalidades jurídicas próprias. O controle externo do franqueador sobre o franqueado decorre de obrigações civis e comerciais ínsitas ao ajuste firmado (uma vez que o contratado deve zelar pela imagem da marca), não demonstrando qualquer tipo de ingerência. (BRASIL. Tribunal Regional do Trabalho. TRT 3ª R 3T RO/10260/02 Rel. Juiz João Eunápio Borges Júnior DJMG 05/10/2002 P.07)".
"EMENTA: *FRANCHISING* - INEXISTÊNCIA DE RESPONSABILIDADE SOLIDÁRIA OU SUBSIDIÁRIA DA FRANQUEADORA. A empresa franqueadora não pode ser responsabilizada pelo pagamento dos créditos trabalhistas devidos pela franqueada, porquanto o contrato de franquia não é figura jurídica capaz de ensejar a responsabilização solidária ou subsidiária. Embora sejam semelhantes os interesses de ambas, são eles restritos às peculiaridades do contrato. (BRASIL. Tribunal Regional do Trabalho. TRT 3ª R 1ª Turma 00426-2003-041-03-00-3 RO Rel. Juiz Marcus Moura Ferreira DJMG 25/07/2003 P.06)".

7. PRINCIPAIS DESAFIOS NA INTERPRETAÇÃO DAS CLÁUSULAS CONTRATUAIS

Feita essa breve explanação sobre a classificação do contrato de franquia e sobre a questão jurisprudencial, voltaremos às cláusulas objeto deste estudo, destacando a importância da interpretação das cláusulas contratuais e a importância do cuidado na redação das cláusulas contratuais.

Diogo L. Machado de Melo destaca que:

> A interpretação das cláusulas gerais, enquanto 'prius relativamente à fiscalização do conteúdo', acaba por assumir um relevo decisivo, pois dela depende a exposição de uma cláusula que, aparentando lisura ou equilíbrio, possa vir a se revelar merecedora de censura das regras definidoras de abusividade do conteúdo. Por sinal, antes do aparecimento de modelos positivados de controle, a interpretação das cláusulas contratuais gerais era estudada propriamente como modelo ou instrumento de controle oculto de conteúdo, como se vê na sistematização proposta por Garcia-Amigo. A interpretação goza de precedência lógica sobre eventual espécie de controle das cláusulas contratuais gerais. Ante a ausência de regras específicas sobre o controle das cláusulas contratuais gerais, preferia-se lançar mão da técnica interpretativa, permitindo realizar, por via obliqua, uma correção do conteúdo do contrato.[145]

[145] MELO, Diogo L. Machado de. Cláusulas contratuais gerais. São Paulo: Editora Saraiva, 2008, p. 214 e 215

Este autor acrescenta ainda que "Deve o magistrado optar por uma interpretação que atenda aos interesses de um aderente padrão, observado sempre o seu círculo social, ou ainda, o fim econômico perseguido pelos contratantes."[146]

Adiciona também que:

> Essa foi a opção de Portugal, como se lê no art. 10 do decreto-lei n. 4.46-85, que prescreve que 'as cláusulas contratuais gerais são interpretadas e integradas de harmonia com as regras relativas à interpretação e integração dos negócios jurídicos, mas sempre dentro do contexto de cada contrato singular em que se incluam.'[147]

Assim, diante da importância da interpretação das cláusulas contratuais, que deve ser realizada atendendo aos interesses dos contratantes, avaliando-se o fim econômico perseguido pelos contratantes, nota-se também a importância das cláusulas serem muito bem redigidas e preverem todas as situações que possam gerar conflitos entre as partes.

Dito isso, serão expostas algumas considerações sobre as cláusulas já abordadas, com a indicação de melhoramentos que podem ser inseridos, para que não haja dúvidas no momento da interpretação da cláusula.

Existem vários ramos do direito que tratam da concorrência desleal. O Direito Penal, por exemplo, estuda o crime de concorrência desleal (art. 195 da Lei nº. 9.279/96). No Direito Comercial, por outro lado, notamos os princípios constitucionais de ordem econômica, ou seja, a livre iniciativa (art. 170, caput, da CF) e a livre concorrência (art. 170, IV, da CF). O Código Civil tratou do tema através do artigo 1.147, proibindo a prática da concorrência por parte do alienante, salvo autorização expressa do adquirente.

A lei de franquia, como uma forma de proteger o segredo do negócio do franqueador, possibilitou a inclusão de uma cláusula de sigilo, confidencialidade e não concorrência, devendo o franqueador, informar a sua existência na Circular de Oferta de Franquia, afinal, para a consecução do objeto da franquia, a franqueadora fornece aos seus franqueados informações sigilosas e essenciais para a condução do negócio franqueado, que na

[146] MELO, Diogo L. Machado de. Cláusulas contratuais gerais. São Paulo: Editora Saraiva, 2008, p. 227 e 228

[147] MELO, Diogo L. Machado de. Cláusulas contratuais gerais. São Paulo: Editora Saraiva, 2008, p. 217

maioria das vezes, não eram do conhecimento do franqueado antes do seu ingresso no sistema de franquia. Por se tratar de uma informação confidencial, criada para o desenvolvimento da franquia, a violação do sigilo poderia ser considerada uma quebra de lealdade por parte do franqueado.

Fábio Konder Comparato esclarece que o franqueado pode:

> (...) usufruir de uma experiência acumulada do franqueador, no mercado em questão, quanto aos sistemas de vendas e serviços (sucesso ou insucesso de promoções especiais, vendas a crédito ou descontos, por exemplo). Gozará, ademais, dos efeitos de uma publicidade largamente montada em torno da marca ou de expressões ou sinais de propaganda, cuja utilização lhe foi concedida.[148]

Assim sendo, nota-se que a cláusula que trata do sigilo, confidencialidade e não concorrência, conforme já citado, é uma cláusula que é considerada válida nas relações de franquia, mas precisa ser muito bem redigida, para que não gere dúvidas ou não seja considerada abusiva no momento da sua interpretação.

Vale registrar ainda, que a aplicação dessas cláusulas é importante para que seja atingida a função social do contrato e para que seja respeitada a boa-fé objetiva, dois princípios que devem reger qualquer relação contratual.

Além da obrigação de sigilo e confidencialidade bem detalhada, é importante que o contrato preveja as penalidades que serão aplicadas na hipótese de sua infração.

Contudo, além de ser expressa, a cláusula não concorrência deve ser delimitada com razoabilidade, para que não haja violação ao princípio da livre iniciativa. Por razoabilidade entende-se uma delimitação de atividade, tempo e local.

Se a cláusula não tiver essa limitação, ela poderá ser considerada abusiva, podendo ser revista pelo judiciário.

Apesar de não ser tema deste trabalho, cumpre destacar que é importante que a cláusula que trata do prazo e das condições para a renovação preveja todas as regras que serão aplicadas ao final do contrato, afinal, a

[148] COMPARATO, Fábio Konder. Franquia e concessão de vendas no Brasil: da consagração ao repúdio?, in Ensaios e pareceres de direito empresarial, Forense, 1978, p. 373-374

lei novamente quedou-se inerte sobre o assunto. Se houver uma previsão contratual, as partes conseguirão se embasar, e saberão, por exemplo, as condições para que a renovação do contrato ocorra.

José Cretella Neto esclarece em sua obra que:

> No direito brasileiro, relativamente ao *franchising*, não estabelece a Lei no 8.955/1994 qualquer prazo de duração, mínimo ou máximo. (...)
>
> Portanto, no caso brasileiro, no que se refere ao *franchising*, ao examinar a questão do prazo contratual, deverá o juiz decidir por equidade, apreciando com rigor, para o caso submetido, diversos elementos, tais como as forças econômicas relativas entre franqueador e franqueado, os investimentos efetuados, as expectativas de ganho, o comportamento das partes na execução do contrato e as consequências, para cada qual, do rompimento do contrato. Aliás, o novo Código Civil estabeleceu regra específica para o caso de terem sido realizados investimentos consideráveis por uma das partes, dispondo que a denúncia unilateral somente produzirá efeito depois de transcorrido prazo compatível com a natureza e o vulto dos investimentos (art. 473, parágrafo único).
>
> A justificativa para isso, é que a denúncia do contrato pode ameaçar a própria existência econômica do franqueado, impedindo-o de buscar outro negócio, em substituição ao que havia assumido. O franqueador também sofre perdas quando um franqueado abandona a rede, como: (a) a informação deverá constar da Circular de Oferta de Franquia, e será divulgada entre os próximos candidatos; (b) em caso de ser procurado por interessados em se tornarem franqueados, em geral o ex-franqueado não se refere elogiosamente à rede que abandonou, o que pode causar insegurança nos candidatos a franqueado; (c) terá diminuição de receitas, pois os royalties devidos pelo ex-franqueado da rede deixarão de ser pagos; e (d) correrá maior risco de ter os segredos do negócio revelados, apesar da existência de cláusula de confidencialidade no contrato.[149]

[149] CRETELLA NETO, José. Manual Jurídico do Franchising. São Paulo: Atlas, 2003, p. 116

A cláusula arbitral igualmente estudada neste trabalho também vem sendo admitida pela jurisprudência Brasileira, uma vez a discussão dos direitos e obrigações decorrentes do contrato de franquia não configuram direito indisponível, e, ainda, dificilmente se constata qualquer cerceamento de defesa e de hipossuficiência do franqueado que autorize a exclusão da eleição, e a aplicação de outro foro.

José Cretella Junior esclarece que a arbitragem é:

> um mecanismo ou técnica de solução de controvérsias instauradas pelas próprias partes, mediante a intervenção de terceiro ou terceiros, expressamente autorizado ou autorizados pelos litigantes. Pela arbitragem, portanto, 'as partes convencionam submeter seus litígios ao julgamento de particulares a sua escolha'.
>
> O terceiro, ou seja, o particular escolhido, é denominado árbitro, e sua jurisdição e competência derivam de um acordo particular e específico, estabelecido entre as próprias partes, as quais, ao firmarem o pacto, fixam os limites da arbitragem, indicam os procedimentos, determinam os prazos e escolhem a lei material aplicável ao litígio, ou ainda, declaram se preferem que a decisão do árbitro seja prolatada segundo critérios de *e*quidade.[150]

Nelson Nery Junior e Rosa Maria de Andrade Nery ensinam que:

> (...) a convenção de arbitragem é o conjunto formado pela cláusula compromissória e pelo compromisso arbitral (LArb 3º). A simples existência de cláusula compromissória pode ensejar a argüição da preliminar. O réu pode alegar que a demanda não pode ser submetida ao juízo estatal, quer diante apenas da cláusula ou do compromisso, quer esteja em curso o procedimento arbitral. A conseqüência do acolhimento desta preliminar é a extinção do processo sem julgamento do mérito (CPC 267 VII), já que a lide será julgada pelo árbitro, isto é, pelo juízo não estatal. O juiz não poderá conhecer dessa matéria de ofício, devendo aguardar provocação do réu. Não alegada a convenção de arbitragem como preliminar de contesta-

[150] CRETELLA NETO, José. Manual Jurídico do Franchising. São Paulo: Atlas, 2003, p. 134

ção, ocorre preclusão: o processo não será extinto e a demanda será julgada pelo juízo estatal.[151]

Nesse sentido, colhe-se do entendimento do Superior Tribunal de Justiça: "A eleição da cláusula compromissória é causa de extinção do processo sem julgamento do mérito, nos termos do art. 267, inciso VII, do Código de Processo Civil"[152].

E não é só. Ainda que se considerasse o contrato de franquia como contrato de adesão e que ficasse configurada a hipossuficiência da franqueada frente à Franqueadora, nem assim seria o caso de ignorar a cláusula arbitral firmada ou considerá-la abusiva, desde que houvesse cláusula arbitral destacada e assinada em separado ou de forma anexa, como prova da completa ciência e anuência do aderente.

Isso porque, nos termos do art. 4º, §2º da lei de arbitragem, ainda que o contrato em que foi firmada a cláusula compromissória arbitral seja considerado como de adesão, não se pode reputar como nula a cláusula se a mesma tiver sido destacada e assinada em separado ou de forma anexa, como prova da completa ciência e anuência do aderente.

Essa cláusula, contudo, deve ser do tipo "cheia", ou seja, uma cláusula completa, para que tenha força executiva nos termos da Lei da Arbitragem, sendo dispensável a celebração do compromisso arbitral posteriormente. Recomenda-se ainda que esteja em documento anexo ou em negrito, com a assinatura ou visto especialmente para esta cláusula, evitando assim, a sua anulação se o contrato de franquia for considerado de adesão.

A cláusula arbitral precisa ser muito bem escrita, para que não seja considerada uma cláusula vazia, e por esse motivo, seja ignorada pelo poder judiciário.

A questão sobre a responsabilização da franqueadora por fato ou vício de produto ou serviço praticado pelo Franqueado e ainda da responsabilização da franqueadora por débitos trabalhistas do franqueado, também podem ser protegidas através de uma cláusula que garanta o direito de regresso da Franqueadora em face do Franqueado, e ainda, da estipulação de garantias que alcancem eventuais indenizações.

[151] NERY JUNIOR, Nelson e outros. Código de Processo Civil Comentado e Legislação Extravagante. 9.ª ed. São Paulo: RT, 2006, nota 13 ao art. 301, p. 495

[152] BRASIL. Superior Tribunal de Justiça. REsp n. 612.439/RS, STJ-2ª Turma, Rel. Min. João Otávio de Noronha, in DJU 14.09.2006, p. 299, j. em 25.10.2005

A jurisprudência Brasileira segue no sentido de que a empresa franqueadora é solidariamente responsável com a empresa franqueada por eventual fato do serviço, quando integra a cadeia de fornecedores.

Há divergência, entretanto, sobre a sua responsabilização quando não integra a cadeia de fornecedores.

Parte da jurisprudência entende que por não haver ingerência da franqueadora sobre o franqueado, sob pena de desvirtuar o próprio contrato de Franquia, a Franqueadora não poderia ser responsabilizada por eventual fato do serviço ou produto.

Essas decisões são importantes já que a responsabilização da franqueadora na esfera consumerista pode inviabilizar por completo a expansão das redes através da franquia, afinal, a franqueadora teria uma insegurança muito grande.

Outra parte, porém, segue no sentido de que a franqueadora é responsável, já que o consumidor é atraído pela marca.

O contrato de franquia por si, todavia, não é capaz de excluir a responsabilidade da franqueadora, seja por fato ou vício de produto ou serviço praticado pelo Franqueado, seja por débitos trabalhistas do franqueado. Não obstante, o contrato é capaz de esclarecer o relacionamento havido entre a franqueadora e o franqueado, para que o magistrado consiga compreender a situação fática, podendo inclusive decretar a ilegitimidade da franqueadora.

Ainda que isso não ocorra, o contrato de franquia pode ter cláusula garantindo o direito de regresso da Franqueadora, sempre que ela for condenada solidaria ou subsidiariamente, e ainda, prever garantias para que o seu direito de regresso seja alcançado.

A Franqueadora pode, ainda, obrigar o franqueado a contratar seguro com cobertura para responsabilidade civil, pois nos casos de condenação, o seguro poderia ser acionado, sem que a franqueadora fosse penalizada.

Sobre a responsabilização trabalhista, felizmente o judiciário tem entendido que não é possível responsabilizar a Franqueadora pelas verbas decorrentes de relação empregatícia havida entre um franqueado e seus funcionários, seja solidária ou subsidiariamente.

Mesmo assim, é importante que o contrato de franquia esclareça que a franqueada é a única e exclusiva responsável pelos débitos trabalhistas oriundos da operação da sua unidade franqueada, e ainda, que tenha cláusula garantindo o direito de regresso da Franqueadora, sempre que ela for condenada solidaria ou subsidiariamente, e ainda, garantias para que este direito seja alcançado, se necessário.

Assim, ao celebrar um contrato, as partes – franqueador e franqueado - não se limitariam a aplicar o direito abstrato que o rege, mas estariam criando também normas individuais que geram obrigações e direitos concretos não existentes antes de sua celebração. Estas normas individuais, que compõem o conteúdo do contrato e exigem determinada conduta dos contratantes, teriam a mesma substância normativa da regra *pacta sunt servanda*, que aplicam ao celebrar o contrato[153].

O contrato, que cria lei entre as partes, deve trazer o máximo de previsões com o objetivo de solucionar pontos como esses citados acima, devendo apresentar o máximo de respostas possíveis aos mais diversos tipos de questionamentos que porventura poderiam existir no decorrer do cumprimento do contrato, bem como deve assegurar que as tratativas ocorram com observância aos princípios da boa-fé e da função social do contrato, garantindo que a vontade das partes seja legítima e integralmente cumprida por todas as partes.

O grande desafio dos advogados é conseguir prever o máximo de situações, criando cláusulas que possam auxiliar tanto o franqueado, como a franqueadora, nos casos de divergências de pensamentos. Muitas situações são costumeiras no dia-a-dia do relacionamento das partes e, por isso, já podem ser contempladas em contrato. É importante, contudo, que as cláusulas sejam muito bem escritas, para evitar controvérsias.

E não é só. Ainda que o contrato de franquia seja classificado como um contrato de adesão, o círculo social e o fim econômico perseguido pelos contratantes deverão ser levados em consideração quando da interpretação da cláusula contratual, que deverá ser muito bem redigida para evitar dúvidas ou controvérsias.

[153] Gomes, Orlando – Contratos. Rio de Janeiro, Forense, 2002, 25ª edição, página 13

8. CONCLUSÕES

Como pode ser observado ao longo deste trabalho, o setor do *franchising* encontra-se em pleno crescimento, e tem recebido atenção por parte de empresários e de investidores, inclusive estrangeiros, pois por um lado o empreendedor (Franqueador) tem a chance de expandir o seu negócio e a sua marca com o capital de terceiros, e por outro lado, os terceiros (Franqueados) encontram uma possibilidade de realizar o sonho de implantar e operar o seu negócio próprio.

Segundo dados divulgados pela Associação Brasileira do *Franchising*, tendo em vista a evolução do número das redes de franquia no Brasil, que no ano de 2011 era de 2.031, e no ano de 2001 era de apenas 600, o faturamento do setor de franquias cresceu 355,42% nesse mesmo período, encontrando-se atualmente em R$ 88,855 bilhões, alcançando a marca de 93.098 unidades, gerando mais de 837.882 empregos diretos[154].

Por muito tempo, porém, não havia qualquer regramento no Brasil que dispusesse sobre as relações de franquia.

Infelizmente, em razão dessa falta muitos empresários se aventuraram expandindo as suas redes através desse canal, sem qualquer estudo ou assistência. Outros se aventuraram implantando lojas franqueadas sem o menor conhecimento da rede e do negócio.

Tudo isso, acarretou em um crescimento do número de redes sem projetos consistentes, e consequentemente, em um crescimento desordenado

[154] http://www.portaldo*franchising*.com.br/site/content/interna/index.asp?codA=11&codC=4&origem=sobreosetor

de lojas sem uma estrutura adequada, o que gerou problemas para muitos empresários, tanto franqueados, como franqueadores.

Pelo fato da lei de franquias ser extremamente enxuta e não tratar de temas importantes como as consequências do desrespeito da cláusula de sigilo, confidencialidade e não concorrência, é de suma importância que os contratos de franquia sejam redigidos com muita cautela, incluindo previsões que possam proteger o interesse de toda a rede, afinal, quando se tem uma relação de franquia não se pensa no interesse de uma única empresa, mas sim de um conjunto de empresas que estão ligadas pela marca.

Estas normas individuais, que compõem o conteúdo do contrato e exigem determinada conduta dos contratantes, teriam a mesma substância normativa da regra *pacta sunt servanda*, que aplicam ao celebrar o contrato.

Diante de tudo isso, o estudo objeto da monografia buscou discutir a validade e eficácia de algumas cláusulas inseridas no contrato de franquia, indicando o posicionamento do judiciário sobre tais cláusulas, bem como apontando melhoramentos que podem ser inseridos para que as cláusulas tenham uma maior eficácia, afinal, as partes ao firmarem um contrato, não se limitariam a aplicar o direito abstrato que o rege, mas estariam criando também normas individuais que gerariam obrigações e direitos concretos não existentes antes de sua celebração, e que devem ser respeitadas pelas partes, afinal, o contrato cria lei entre as partes.

Para que relação contratual seja protegida, as cláusulas devem trazer o máximo de previsões com o objetivo de solucionar conflitos, como aqueles apontados neste estudo, ou seja, questão do sigilo, confidencialidade, não concorrência, responsabilização da franqueadora por débitos trabalhistas ou por questões consumeristas, entre outras.

As partes devem, ainda, observar os princípios que regem as relações contratuais, incluindo, mas não se limitando os princípios da boa-fé e da função social do contrato.

Enfim, as cláusulas devem abranger o máximo de situações, auxiliando tanto o franqueado, como a franqueadora, afinal, em uma relação de franquia, deve-se proteger o bem maior que é a rede, ou seja, um conjunto de empresas que estão ligadas por uma determinada marca.

REFERÊNCIAS BIBLIOGRÁFICAS

ABRÃO, Nelson. A lei de franquia empresarial (n. 8.955 de 15.12.1994). Revista dos Tribunais. São Paulo. Ano 84, v. 722, p. 25-39, dez. 1995

AGUIAR JUNIOR, Ruy Rosado. Extinção dos contratos por incumprimento do devedor. Rio de Janeiro: Aide

ALVIM, J. E. Carreira. Tratado Geral da Arbitragem, Mandamentos. Belo Horizonte: 2000

ALVIM, Carreira. Comentários à Lei de Arbitragem. Rio de Janeiro: Lumen Juris, 2002

ANDRADE, Jorge Pereira. Contratos de Franquia e Leasing. Editora Atlas, 1993

ANDRADE, Jorge Pereira. Contratos de Franquia e Leasing: novos rumos para atualização dos contratos de leasing, 4ª ed. – São Paulo: Atlas, 2000

BALDI, Roberto. Il contratto di agenzia — La concessione di vendida - Il *franchising*. 5ª ed. Milano:A. Giuffré Editore, 1992

BERNARD, Daniel Alberto. Como tornar sua empresa uma franquia. Brasília: SEBRAE, 2007

BULGARELLI, Waldirio. Contratos mercantis. 8ª ed. São Paulo: Atlas, 1995

COELHO, Fábio Ulhoa. Considerações sobre a lei da franquia. Revista da Associação Brasileira de Propriedade Intelectual - ABPI, Rio de Janeiro, n. 16, p. 15-21, maio/jun. 1995

COELHO, Fábio Ulhoa. Curso de Direito Comercial, v. 1, 6ª Ed. Ver. E atual. De acordo com o novo código civil e alterações da LSA. São Paulo: Saraiva, 2000

COELHO, Fabio Ulhoa. Curso de Direito Comercial. São Paulo, Saraiva, 1999.Vol 1, 2ª ed.

COELHO, Fábio Ulhoa – Curso de Direito Comercial, Saraiva, 2008, vl. 1

COELHO, Fábio Ulhoa. Curso de direito comercial, vol. 2, 13ª ed.. São Paulo: Saraiva, 2009

COELHO, Fábio Ulhoa. Manual de Direito Comercial, 21ª ed., São Paulo: Saraiva, 2009

COMPARATO, Fábio Konder . As Cláusulas de Não-Concorrência nos "Shopping Centers", in RDM n.º 97

COMPARATO, Fábio Konder. Franquia e concessão de vendas no Brasil: da consagração ao repúdio?, in Ensaios e pareceres de direito empresarial, Forense, 1978

COSTA, Judith Martins A boa-fé no Direito Privado. 1ª ed, 2ª tiragem. São Paulo: Revista dos Tribunais, 2000

CRETELLA NETO, José. Manual Jurídico do Franchising . São Paulo: Atlas, 2003

CRUZ, Glória Cardoso de Almeida. *Franchising*. Rio de Janeiro: Forense, 1993

DELGADO, José Augusto. O contrato de seguro e o princípio da boa-fé: questões controvertidas. São Paulo: Método, 2004

DE MELLO, Adriana Mandim Theodoro. Franquia Empresarial: responsabilidade civil na extinção do contrato. Ed. Forense, Rio de Janeiro, 2001

DINIZ, Maria Helena. Tratado teórico e prático dos contratos. 6ª Ed. São Paulo, 2006. 4v.

FERES, Marcelo Andrade. Estabelecimento empresarial: trespasse e efeitos obrigacionais. São Paulo: Saraiva, 2007

FIGUEIRA JÚNIOR, Joel Dias. Arbitragem, Jurisdição e Execução. 2ª ed., São Paulo: RT, 1999

FIÚZA, Ricardo. Novo Código Civil Comentado. São Paulo: Saraiva 2002

FREITAS, Elizabeth Cristina Campos Martins de. Desconsideração da personalidade jurídica: análise à luz do código de defesa do consumidor e do código civil. 2ª ed. São Paulo: Atlas, 2004

GAMA, Guilherme Calmon Nogueira da. Desconsideração da personalidade jurídica: visão crítica da jurisprudência. São Paulo: Atlas, 2009

GOMES, Orlando. Contratos. 25ª edição. Rio de Janeiro: Forense, 2002

GOMES, Orlando. Contratos. 9ª Ed., Rio de Janeiro: Ed. Forense, 1983

GRINOVER, Ada Pellegrini... (et al.). Código Brasileiro de defesa do consumidor: comentado pelos autores do anteprojeto – 7ª ed. Rio de Janeiro: Forense Universitária, 2001

HORA NETO, João. O princípio da boa-fé objetiva no código civil de 2002. Revista da ESMESE, nº 2, 2002

KOURY, Suzy Elizabeth Cavalcante. A desconsideração da personalidade jurídica (disregard doctrine) e os grupos de empresas. Rio de Janeiro: Forense, 2003

LELOUP, Jean-Marie. La Franchise: Droit et Pratique, 2ª Ed, Paris, Delmas, 1991

LEONARDO, Rodrigo Xavier. Redes contratuais no mercado habitacional. São Paulo: Editora Revista dos Tribunais, 2003

LOBO, Jorge. Contrato de *Franchising*. Rio de Janeiro: Forense, 1997

MARQUES, Cláudia Lima. Contratos no Código de Defesa do Consumidor. 3ª ed, São Paulo: Revista dos Tribunais, 1999

MARTINS, Fran. Contratos e obrigações comerciais. Rio de Janeiro: Forense, 5ª edição, 1977.

MARTINS, Fran. Contratos e obrigações comerciais. Rio de Janeiro: Forense, 1981.

MELLO, Adriana Mandin Theodoro de. Franquia Empresarial. 1ª ed., São Paulo: Editora Forense, 2001

MELO, Diogo L. Machado de. Cláusulas contratuais gerais. São Paulo: Editora Saraiva, 2008

NERY JUNIOR, Nelson e outros. Código de Processo Civil Comentado e Legislação Extravagante. 9ª ed. São Paulo: RT, 2006, nota 13 ao art. 301

PEREIRA, Caio Mario da Silva. Instruções de direito civil. 19ª ed. Rio de Janeiro, Forense, 2000, v. I

PINTO, José Augusto Rodrigues. Curso de Direito Individual do Trabalho. 2ª ed. São Paulo: LTr. 1995

REDECKER, Ana Claudia. Franquia Empresarial. 1ªed., São Paulo: Memória Jurídica

Editora, 2002

REQUIÃO, Rubens. Revista de Direito Comercial, n. 7, 1972

SILVEIRA, Cláudio Vieira da. *Franchising*. 2ª ed. Curitiba:Furuá, 2008

SIMÃO FILHO, Adalberto. *Franchising*: aspectos jurídicos e contratuais. 2ª ed. – São Paulo: Atlas, 1997

SIMÃO FILHO, Adalberto. *Franchising*, aspectos jurídicos e contratuais. 4ª ed. Editora Atlas, São Paulo

THEODORO JÚNIOR, Humberto; MELLO, Adriana Mandim Theodoro de (Coord.). Apontamentos sobre a responsabilidade civil na denúncia dos contratos de distribuição franquia e concessão comercial. Revista de Direito Mercantil: industrial, econômico e financeiro., São Paulo, n. 122, p. 7-37, abr./jun. 2001

VENOSA, Sílvio de Salvo. Direito Civil: contratos em espécie. 11ª ed. São Paulo: Atlas, 2011

http://www.portaldo*franchising*.com.br/site/content/interna/index.asp?codA=11&codC=4&origem=sobreosetor

BRASIL. Tribunal de Justiça do rio Grande do Sul http://www.tjrs.jus.br

BRASIL. Tribunal de Justiça de São Paulo http://www.tj.sp.jus.br

BRASIL. Tribunal de Justiça do Paraná http://www.tjpr.jus.br

BRASIL. Tribunal de Justiça do Distrito Federal http://www.tjdft.jus.br

BRASIL. Superior Tribunal de Justiça http://www.stj.jus.br

BRASIL. Tribunal Regional do Trabalho da 3ª Região http://www.trt3.jus.br

BRASIL. Tribunal Regional do Trabalho da 15ª Região http://www.trt15.jus.br

BRASIL. Tribunal Superior do Trabalho http://www.tst.jus.br

ANEXOS

Lei de Franquia

LEI Nº 8.955, DE 15 DE DEZEMBRO DE 1994.

Dispõe sobre o contrato de franquia empresarial (*franchising*) e dá outras providências.

O PRESIDENTE DA REPÚBLICA Faço saber que o Congresso Nacional decreta e eu sanciono a seguinte lei:

Art. 1º Os contratos de franquia empresarial são disciplinados por esta lei.

Art. 2º Franquia empresarial é o sistema pelo qual um franqueador cede ao franqueado o direito de uso de marca ou patente, associado ao direito de distribuição exclusiva ou semi-exclusiva de produtos ou serviços e, eventualmente, também ao direito de uso de tecnologia de implantação e administração de negócio ou sistema operacional desenvolvidos ou detidos pelo franqueador, mediante remuneração direta ou indireta, sem que, no entanto, fique caracterizado vínculo empregatício.

Art. 3º Sempre que o franqueador tiver interesse na implantação de sistema de franquia empresarial, deverá fornecer ao interessado em tornar-se franqueado uma circular de oferta de franquia, por escrito e em linguagem clara e acessível, contendo obrigatoriamente as seguintes informações:

I - histórico resumido, forma societária e nome completo ou razão social do franqueador e de todas as empresas a que esteja diretamente ligado, bem como os respectivos nomes de fantasia e endereços;

II - balanços e demonstrações financeiras da empresa franqueadora relativos aos dois últimos exercícios;

III - indicação precisa de todas as pendências judiciais em que estejam envolvidos o franqueador, as empresas controladoras e titulares de marcas, patentes e direitos autorais relativos à operação, e seus subfranqueadores, questionando especificamente o sistema da franquia ou que possam diretamente vir a impossibilitar o funcionamento da franquia;

IV - descrição detalhada da franquia, descrição geral do negócio e das atividades que serão desempenhadas pelo franqueado;

V - perfil do franqueado ideal no que se refere a experiência anterior, nível de escolaridade e outras características que deve ter, obrigatória ou preferencialmente;

VI - requisitos quanto ao envolvimento direto do franqueado na operação e na administração do negócio;

VII - especificações quanto ao:

a) total estimado do investimento inicial necessário à aquisição, implantação e entrada em operação da franquia;

b) valor da taxa inicial de filiação ou taxa de franquia e de caução; e

c) valor estimado das instalações, equipamentos e do estoque inicial e suas condições de pagamento;

VIII - informações claras quanto a taxas periódicas e outros valores a serem pagos pelo franqueado ao franqueador ou a terceiros por este indicados, detalhando as respectivas bases de cálculo e o que as mesmas remuneram ou o fim a que se destinam, indicando, especificamente, o seguinte:

a) remuneração periódica pelo uso do sistema, da marca ou em troca dos serviços efetivamente prestados pelo franqueador ao franqueado (royalties);

b) aluguel de equipamentos ou ponto comercial;

c) taxa de publicidade ou semelhante;

d) seguro mínimo; e

e) outros valores devidos ao franqueador ou a terceiros que a ele sejam ligados;

IX - relação completa de todos os franqueados, subfranqueados e subfranqueadores da rede, bem como dos que se desligaram nos últimos doze meses, com nome, endereço e telefone;

X - em relação ao território, deve ser especificado o seguinte:

a) se é garantida ao franqueado exclusividade ou preferência sobre determinado território de atuação e, caso positivo, em que condições o faz; e

b) possibilidade de o franqueado realizar vendas ou prestar serviços fora de seu território ou realizar exportações;

XI - informações claras e detalhadas quanto à obrigação do franqueado de adquirir quaisquer bens, serviços ou insumos necessários à implantação, operação ou administração de sua franquia, apenas de fornecedores indicados e aprovados pelo franqueador, oferecendo ao franqueado relação completa desses fornecedores;

XII - indicação do que é efetivamente oferecido ao franqueado pelo franqueador, no que se refere a:

a) supervisão de rede;

b) serviços de orientação e outros prestados ao franqueado;

c) treinamento do franqueado, especificando duração, conteúdo e custos;

d) treinamento dos funcionários do franqueado;

e) manuais de franquia;

f) auxílio na análise e escolha do ponto onde será instalada a franquia; e

g) layout e padrões arquitetônicos nas instalações do franqueado;

XIII - situação perante o Instituto Nacional de Propriedade Industrial - (INPI) das marcas ou patentes cujo uso estará sendo autorizado pelo franqueador;

XIV - situação do franqueado, após a expiração do contrato de franquia, em relação a:

a) *know how* ou segredo de indústria a que venha a ter acesso em função da franquia; e

b) implantação de atividade concorrente da atividade do franqueador;

XV - modelo do contrato-padrão e, se for o caso, também do pré-contrato-padrão de franquia adotado pelo franqueador, com texto completo, inclusive dos respectivos anexos e prazo de validade.

Art. 4º A circular oferta de franquia deverá ser entregue ao candidato a franqueado no mínimo 10 (dez) dias antes da assinatura do contrato ou pré-contrato de franquia ou ainda do pagamento de qualquer tipo de taxa pelo franqueado ao franqueador ou a empresa ou pessoa ligada a este.

Parágrafo único. Na hipótese do não cumprimento do disposto no caput deste artigo, o franqueado poderá argüir a anulabilidade do contrato e exigir devolução de todas as quantias que já houver pago ao franqueador ou a terceiros por ele indicados, a título de taxa de filiação e royalties, devidamente corrigidas, pela variação da remuneração básica dos depósitos de poupança mais perdas e danos.

Art. 5º **(VETADO).**

Art. 6º O contrato de franquia deve ser sempre escrito e assinado na presença de 2 (duas) testemunhas e terá validade independentemente de ser levado a registro perante cartório ou órgão público.

Art. 7º A sanção prevista no parágrafo único do art. 4º desta lei aplica-se, também, ao franqueador que veicular informações falsas na sua circular de oferta de franquia, sem prejuízo das sanções penais cabíveis.

Art. 8º O disposto nesta lei aplica-se aos sistemas de franquia instalados e operados no território nacional.

Art. 9º Para os fins desta lei, o termo franqueador, quando utilizado em qualquer de seus dispositivos, serve também para designar o subfranqueador, da mesma forma que as disposições que se refiram ao franqueado aplicam-se ao subfranqueado.

Art. 10. Esta lei entra em vigor 60 (sessenta) dias após sua publicação.

Art. 11. Revogam-se as disposições em contrário.

Brasília, 15 de dezembro de 1994; 173º da Independência e 106º da República.

ITAMAR FRANCO
Ciro Ferreira Gomes

PODER JUDICIÁRIO
TRIBUNAL DE JUSTIÇA DE SÃO PAULO

22

ACÓRDÃO

Vistos, relatados e discutidos estes autos de Agravo de Instrumento nº 0018209-03.2012.8.26.0000, da Comarca de Barueri, em que é agravante 5 A SEC DO BRASIL FRANCHISING LTDA sendo agravado JOSÉ DE FIGUEIREDO BARRETO FILHO.

ACORDAM, em 2ª Câmara Reservada de Direito Empresarial do Tribunal de Justiça de São Paulo, proferir a seguinte decisão: "DERAM PROVIMENTO AO RECURSO. V. U.", de conformidade com o voto do(a) Relator(a), que integra este acórdão.

O julgamento teve a participação dos Desembargadores JOSÉ REYNALDO (Presidente) e ARALDO TELLES.

São Paulo, 24 de abril de 2012.

ROBERTO MAC CRACKEN
RELATOR

PODER JUDICIÁRIO

TRIBUNAL DE JUSTIÇA DO ESTADO DE SÃO PAULO

VOTO N° : 13033
AGRV.N° : 0018209-03.2012.8.26.0000
COMARCA : BARUERI
AGTE. : 5 À SEC DO BRASIL FRANCHISING LTDA
AGDOS. : JOSÉ DE FIGUEIREDO BARRETO FILHO

AGRAVO DE INSTRUMENTO – EXECUÇÃO – COMPETÊNCIA – CONTRATO DE ADESÃO – Ação fundada em contrato de franquia – Existência de cláusula contratual de eleição de foro – Inexistência de relação de consumo e, por consequência, inaplicabilidade do Código de Defesa do Consumidor – Validade da cláusula de eleição de foro para os processos oriundos do contrato (Súmula 335 do C.STF) – Manutenção da ação principal do Juízo de Direito da Comarca de Barueri, Estado de São Paulo – Recurso provido.

Trata-se de recurso de agravo de instrumento interposto contra r. decisão interlocutória de fls. 313, proferida na exceção de incompetência, incidente aos autos de "ação de cobrança de multa por descumprimento de obrigações de fazer e não fazer – cláusulas pós-contratuais, c/c pedido de antecipação parcial de tutela" arguida pelo agravado em face da agravante, que acolheu a exceção para declarar a incompetência do juízo e ordenar a redistribuição do feito a uma das Varas Cíveis da Comarca de Aracajú, Estado do Sergipe.

Inconformada, a agravante, em suma, pugna pela reforma da r. decisão guerreada, a fim de que seja declarar válida a cláusula de eleição de foro eleita livremente pelas partes. Alega que a cláusula de eleição de foro não poderia ser anulada já que foi pactuada entre as partes. Que os contratos foram firmados entre pessoas

Agravo de Instrumento nº 0018209-03.2012.8.26.0000 – Voto nº 13033 – Barueri – rtt

maiores, capazes e sem qualquer coação e suas cláusulas somente poderão ser anuladas ou modificadas em decorrência de sentença, o que não ocorreu. Argumenta que o Egrégio Tribunal de Justiça tem decidido em diversos outros processos com casos análogos, declarando válida a eleição de foro livremente pactuada entre as partes.

Foi determinado o processamento do presente recurso de agravo de instrumento (fls. 349 destes autos).

O recorrido, devidamente intimado, apresentou suas contrarrazões pugnando pelo não provimento do recurso (fls. 354/360 deste recurso).

As informações não foram prestadas pelo Ilustre MM Juiz de Primeiro Grau.

Recurso bem processado.

É o relatório.

Com o devido respeito, o presente recurso de agravo de instrumento merece provimento.

Nos termos da cópia do contrato copiado às fls. 79/132 dos presentes autos, verifica-se que a recorrente formalizou contrato de franquia com a recorrente na qualidade de franqueado satélite e sócio operador, tendo como atividade o serviço de coleta e/ou entrega de peças para serviços de limpeza realizados no endereço indicado pelo cliente, os quais podem ser diretamente prestados pela unidade franqueada ou por empresas terceirizadas, não se amoldando ao conceito de consumidor final porque o crédito objeto da referida relação negocial é voltado ao desenvolvimento de sua atividade empresarial, razão pela qual é inaplicável o Código de Defesa do Consumidor,

ao caso em tela, face à ausência da figura do destinatário final, definida em seu artigo 2º, *in verbis*: "Art. 2º Consumidor é toda pessoa física ou jurídica que adquire ou utiliza produto ou serviço como destinatário final".

Tendo em vista a inaplicabilidade do Código de Defesa do Consumidor, válida é a cláusula de foro de eleição formalizada pelas partes.

Ainda, de acordo com a Súmula 335 do Egrégio Supremo Tribunal Federal, "É válida a cláusula de eleição do foro para os processos oriundos do contrato."

Conforme o julgado deste E. Tribunal de Justiça, Agravo de Instrumento nº 0038527-80.2007.8.26.0000, julgado em 30.07.2007 da Relatoria do Eminente e Culto Desembargador Doutor Jacob Valente, solucionou, em caso análogo, a questão, cujo voto, em parte transcrito, se traz à baila, bem retrata que:

> *"COMPETÊNCIA - FORO DE ELEIÇÃO - Demanda nominada como de rescisão de contrato de franquia - Falta da cópia da respectiva exordial que impede a consideração de que se busca o adimplemento de obrigações que conduziriam à necessidade de tramitação do processo no local onde se deva dar o seu cumprimento - Inaplicabilidade, de qualquer modo, das regras consumeristas - Franquiado que não se pode comparar ao consumidor ou considerar-se como hipossuficiente - Manutenção do feito na comarca eleita - Agravo desprovido.*
>
> ...
>
> *As agravantes se tratam de pessoa jurídica no ramo da prestação de serviços de lavanderia e suas representantes legais, que não se podem, sob quaisquer circunstâncias subsumir ao conceito de consumidor estabelecido pelo Código de Defesa do Consumidor, qual seja, aquele que recebe, como destinatário final, vale dizer, para a satisfação de uma necessidade própria, mercadorias ou serviços produzidos ou comercializados pela empresa fornecedora.*
>
> *De rigor o reconhecimento de que o relacionamento estabelecido entre as partes visava à utilização, pela agravante,*

PODER JUDICIÁRIO

TRIBUNAL DE JUSTIÇA DO ESTADO DE SÃO PAULO

> *da tecnologia, nome e suporte técnico e logístico das empresas agravadas visando a agregação de valor aos serviços por aquela primeira prestados e, consequentemente, a expansão da lucratividade do negócio.*
>
> ***Tal condição se torna ainda mais evidente em casos como o presente em que, tratando-se de contrato de franquia, envolve-se todo um processo de preparação e informação do pretendente a franquiado (Lei 8.955/94, art. 3º), não se havendo de falar em estabelecimento unilateral de vantagem excessiva a uma das partes - conforme exposto pelas próprias agravantes, embora não haja liberdade na modificação dos termos do instrumento, permanece livre a escolha pela adesão ao sistema que se conhece por completo antecipadamente -, ou mesmo em hipossuficiência do empresário devidamente esclarecido.***
>
> ***Por tudo quanto exposto, irretocável a decisão guerreada, que manteve a tramitação do feito perante uma das varas da comarca de São Paulo, a cuja eleição, frise-se, aderiram espontaneamente as contratantes.***
>
> *(...)"* (os grifos não constam do original).

Outro não é o entendimento dado pelo v. Acórdão proferido nos autos de Agravo Regimental nº 9000772-92.2009.8.26.0000, julgado em 16.09.2009, pelo Ilustre e Nobre Desembargador Itamar Gaino, da 21ª Câmara de Direito Privado deste Egrégio Tribunal de Justiça do Estado de São Paulo, em que a recorrente é uma das partes, bem deixou registrado que:

> "...
>
> ***Não se pode olvidar que a desconsideração da cláusula eletiva tem ocorrido em casos especialíssimos, em que se vislumbra expediente de um contratante, em contrato estereotipado, tendente a inviabilizar o exercício do direito de ação ou de defesa pelo outro contratante, normalmente pessoa de frágil condição financeira e domiciliada a grande distância da sede do foro eleito. Caracterizar-se-ia, nessa hipótese, vantagem excessiva a uma das partes e ônus demasiado à outra, mais fraca, isto afrontando as regras protetivas do Código de Defesa do Consumidor.***
>
> *Nesta ótica, **o Colendo Superior Tribunal de Justiça, por diversas vezes, manifestou-se no sentido de que a circunstância de cuidar-se de contrato de adesão não invalida a cláusula de eleição do foro, desde que não se denote abusividade no comportamento de um dos contratantes** (REsp's. nºs. 53.376-7/SP e 13.451-0/SC).*

5

PODER JUDICIÁRIO

TRIBUNAL DE JUSTIÇA DO ESTADO DE SÃO PAULO

No caso dos autos, não se pode dizer que os agravantes sejam hipossuficientes. ***Desta forma, sem maiores dificuldades, poderão contratar advogado de sua confiança (como já o fizeram, aliás), exercitando, assim, plenamente, seu direito de defesa.***
Neste sentido, confira-se:
"PROCESSO CIVIL - RECURSO ESPECIAL -EXCEÇÃO DE INCOMPETÊNCIA - CUWSULA DE ELEIÇÃO DE FORO INSERTA EM CONTRATO DE FRANQUIA - VALIDADE, DESDE QUE NÃO SE VERIFIQUE A HIPOSSUFICIENCIA DO ADERENTE E A INVIABILIZAÇÃO DO ACESSO AO PODER JUDICIÁRIO - VALOR EXPRESSIVO DO CONTRATO E NÃO DEMONSTRAÇÃO. RECURSO ESPECIAL PROVIDO. I - Levando-se em conta os expressivos valores pactuados no contrato de franquia sub judice e a não demonstração de inviabilização do acesso ao Poder Judiciário, uma vez que o fato isolado da empresa-recorrida não se encontrar em atividade, em virtude da rescisão ora discutida, não é suficiente para considerar inviável a defesa de seus direitos no foro contratado, tem-se que as empresas, ora litigantes, são suficientemente capazes, sob o enfoque financeiro, jurídico e técnico, para demandar em qualquer comarca que, voluntariamente, assim contrate; II - Recurso Especial conhecido e provido" (REsp.nº 813.481/DF, rel. Min. Massami Uyeda, DJU 30/6/08).
Válida, pois, porque não abusiva, a cláusula que elege o foro da Capital deste Estado para a solução da controvérsia.
Nessa mesma linha de entendimento é a Súmula 335 do Pretório Excelso, do seguinte teor: "É válida a cláusula de eleição do foro para os processos oriundos do contrato".
Ademais, conforme se verifica no julgamento proferido elo Superior Tribunal de Justiça, no AgRg. no Agravo de Instrumento nº 616.500/ES, somente se tem afastado o foro contratualmente eleito por pessoas jurídicas em casos de reconhecida abusividade e inviabilidade ou dificuldade de acesso ao Judiciário para uma das partes. Circunstâncias inexistentes no caso.
No mesmo sentido: REsp. nº 662.585/SE.
Ante o exposto, nega-se provimento ao recurso.
A insurgência recursal não pode ser acolhida.
Com efeito, o Superior Tribunal de Justiça já deixou assentado que: "A circunstância de tratar-se de contrato de adesão , só por si, não basta para ter-se como inadmissível a cláusula de eleição de foro" (STJ, REsp 13.451-0, SC, 3ª T., Rel. Min. Eduardo Ribeiro, DJU 21/9/92).
Na verdade, as decisões do aludido Tribunal, que afastam a aplicação do artigo 111 do Código de Processo Civil, ressaltam sempre que essa modificação de competência só se justifica quando, nesses contratos, isto é, os que portam cláusulas de foro de eleição, evidenciar-se desequilíbrio econômico entre as partes.

6

PODER JUDICIÁRIO

TRIBUNAL DE JUSTIÇA DO ESTADO DE SÃO PAULO

Essa compreensão, é claro, decorreu da interpretação do referido dispositivo com o propósito de proteger o economicamente mais fraco na relação negocial.
Não parece ser essa a posição da agravante que firmou contrato de franquia com a agravada, em que as partes procuram se cercar das garantias inerentes a negócios desse porte.
Assim, correta a aplicação da cláusula eletiva de foro a que alude o artigo 111 do Código de Processo Civil, corroborada inclusive pelo entendimento do Colendo Supremo Tribunal Federal em sua Súmula nº 335, do seguinte teor:
"É válida a cláusula de eleição do foro para os processos oriundos do contrato".
Na espécie, ademais, verifica-se não se tratar de pessoa jurídica onde seus representantes não disponham da devida capacidade intelectual para compreender os efeitos da estipulação em destaque contida na avença com a qual expressamente concordaram, tanto que firmaram o aludido contrato.
Neste sentido também no Superior Tribunal de Justiça encontra-se o seguinte precedente: *"A cláusula de eleição de foro inserida em contrato de adesão é, em princípio, válida e eficaz, salvo: a) se, no momento da celebração, a parte aderente não dispunha de intelecção suficiente para compreender o sentido e as conseqüências da estipulação contratual; b) se da prevalência de tal estipulação resultar inviabilidade ou especial dificuldade de acesso ao Judiciário; c) se se tratar de contrato de obrigatória adesão, assim entendido o que tenha por objeto produto ou serviço fornecido com exclusividade por determinada empresa"* (REsp. nº 167.918/SP, relator o Ministro Sálvio de Figueiredo Teixeira, DJU de 14/6/99). Na espécie, nenhuma das hipóteses encontra-se presente.
De se realçar ainda que *"não cabe modificar o foro de eleição firmado pelas partes, em obediência ao princípio pacta sunt servanda" (STJ, AGRG na MC nº 3713/DF, rel. Min. Paulo Gallotti, j. 5/6/01), não fosse bastante a circunstância de que "o expressivo valor do contrato sugere à franqueada relativa estrutura para se envolver no empreendimento, não estando demonstrada a impossibilidade de exercer a franqueada a regular defesa no foro contratualmente eleito, que deve ser respeitado, não se justificando a declaração de nulidade da cláusula"* (STJ, CC. nº 37.374/RJ, rel. Min. Carlos Alberto Menezes Direito, j. 27/8/03).
Ante o exposto, nega-se provimento ao recurso.
..." (os grifos não constam do original)

Agravo de Instrumento nº 0018209-03.2012.8.26.0000 – Voto nº 13033 – Barueri – rtt

PODER JUDICIÁRIO

TRIBUNAL DE JUSTIÇA DO ESTADO DE SÃO PAULO

Por consequência, tendo em vista que a regra de competência aplicada, só poderá ser suplantada em face de outra mais específica e, ademais, ainda que o contrato se caracterize como de adesão, a cláusula de eleição de foro somente será alterada se houvesse comprovada abusividade e prejuízo à defesa das partes.

Portanto, com o devido respeito, o recurso merece provimento, mantendo-se os autos principais no Juízo de Direito da 3ª Vara Cível da Comarca de Barueri, Estado de São Paulo, tendo em vista a inaplicabilidade do Código de Defesa do Consumidor, pois, inexistente relação de consumo entre as partes.

Pelo exposto, dá-se provimento ao recurso de agravo de instrumento, para fixar a competência da Comarca de Barueri, Estado de São Paulo.

Roberto Mac Cracken
Relator

PODER JUDICIÁRIO

TRIBUNAL DE JUSTIÇA DO ESTADO DE SÃO PAULO

Registro: 2011.0000101922

ACÓRDÃO

Vistos, relatados e discutidos estes autos do Agravo de Instrumento nº 0087724-62.2011.8.26.0000, da Comarca de São Paulo, em que é agravante UNIDAS FRANQUIAS DO BRASIL S/A sendo agravados MM E TESTA LOCAÇÕES DE VEICULOS LTDA ME, MARCELO TARTARO TESTA e MARIA APARECIDA MELLONI DA SILVA TESTA.

ACORDAM, em 15ª Câmara de Direito Privado do Tribunal de Justiça de São Paulo, proferir a seguinte decisão: "Deram provimento ao recurso. V. U. ", de conformidade com o voto do Relator, que integra este acórdão.

O julgamento teve a participação dos Exmos. Desembargadores ARALDO TELLES (Presidente) e EDGARD JORGE LAUAND.

São Paulo, 12 de julho de 2011.

ADHERBAL ACQUATI
RELATOR
Assinatura Eletrônica

PODER JUDICIÁRIO

TRIBUNAL DE JUSTIÇA DO ESTADO DE SÃO PAULO

VOTO N° 2.545
AGRV.N°: 0087724-62.2011.8.26.0000
COMARCA: SÃO PAULO – 18ª VARA CÍVEL CENTRAL
AGVTE. : UNIDAS FRANQUIAS DO BRASIL S.A.
AGVDOS.: MM TESTA LOCAÇÃO DE VEÍCULOS LTDA., MARCELO TARTATO TESTA e MARIA APARECIDA MELLONI DA SILVA TESTA

AGRAVO DE INSTRUMENTO. CONTRATOS DE FRANQUIA EMPRESARIAL. Rescisão pela franqueadora por inadimplência da franqueada. Liminar deferida para devolução de materiais, bens e equipamentos cedidos em comodato a franqueada, descaracterização dos pontos comerciais e cessação do uso das marcas da franqueadora. Cláusula de não concorrência pelo prazo de 02 anos. Uma vez operada a rescisão contratual, mediante regular notificação extrajudicial, possível a extensão da liminar, em prestígio da cláusula de não concorrência após o término da relação contratual. Precedentes. Decisão reformada. Recurso provido.

Em ação ordinária rescisória e cobrança de multa contratual, movida pela agravante, tendo por objeto dois (02) contratos de franquia empresarial, sobreveio a r. decisão agravada, que deferiu em parte a tutela antecipada, determinando a devolução de materiais, bens e equipamentos cedidos em comodato à franqueada, bem como a descaracterização dos pontos comerciais e os elementos de identidade da franquia, cessando o uso das marcas pertencentes à agravante. No entanto, a r. decisão agravada indeferiu os demais itens pleiteados pela agravante, sob fundamento de que "...são mera decorrência da rescisão contratual e serão oportunamente apreciados." Recurso preparado (fls. 415/417). Efeito ativo indeferido (fls. 419). Sem resposta, pois ainda não citados os agravados.

É o relatório.

PODER JUDICIÁRIO

TRIBUNAL DE JUSTIÇA DO ESTADO DE SÃO PAULO

As partes celebraram dois (02) Contratos de Franquia Empresarial, no ramo de locação de automóveis, o primeiro em 18.05.06, referente à área territorial de Bauru (fls. 59/98 e fls. 68) e o segundo em 26.06.08, circunscrito à área territorial de Marília (fls. 102/138 e fls. 111). No entanto, em face da inadimplência dos agravados, evidenciada pela assinatura de Termos de Confissão de Dívida (fls. 142/147, 149/154, 157/161), a agravante enviou notificação extrajudicial em 21.12.2010, denunciando débito de R$ 1.544.532,86 e concedendo prazo para pagamento até 05.01.11, sob pena de ser considerado rescindido os contratos (fls. 197/202). As cópias anexadas ao recurso revelam ainda outras notificações extrajudiciais por inadimplência dos agravados (fls. 239/240, 241/247, 250/256). A r. decisão agravada concedeu em parte a tutela antecipada, determinando a devolução de materiais, bens e equipamentos entregues em comodato aos agravados, bem assim a descaracterização dos estabelecimentos com os elementos identificadores da franquia e a cessação do uso das marcas pertencentes a agravante. Pretende a agravante o atendimento do pleito constante da letra "h" do pedido de tutela antecipada (fls. 38), no sentido de que os agravados se abstenham de desenvolver concorrência, direta ou indireta, com o negócio objeto da franquia, pelo período de 02 anos, contados da rescisão contratual notificada, conforme estabelecido em cláusula contratual.

Preservado o respeito pela r. decisão agravada, não há motivos para que não seja estendida a tutela antecipada, visando o cumprimento da cláusula de não concorrência, constante de ambos os contratos, com idêntica redação, *verbis* (cláusula 25 - item XIII - fls. 92/93 e cláusula 26 - item XIV - fls. 132/134):

"CLÁUSULA VINTE E CINCO. Subsistem à rescisão ou término do contrato, por qualquer motivo, sem prejuízo das demais hipóteses previstas na legislação vigente, as obrigações das partes a seguir relacionadas:

PODER JUDICIÁRIO

TRIBUNAL DE JUSTIÇA DO ESTADO DE SÃO PAULO

XIII – Em função das informações e instruções que foram transmitidas pela FRANQUEADORA ao(s) SÓCIO(S) OPERADOR(ES), este(s) e a FRANQUEADA não poderão concorrer com a FRANQUEADORA e/ou com os franqueados da rede, portanto, durante o período de 2 (dois) anos, contados a partir do término da presente relação contratual, não poderão (sic), direta ou indiretamente, por si próprio(s) ou por interposta pessoa, física ou jurídica, possuir, manter ou participar a qualquer título na operação de qualquer negócio congênere ou concorrente ou, ainda, do mesmo ramo e/ou que utilize, total ou parcialmente, os padrões, técnicas, métodos e "know-how" da FRANQUEADORA e/ou que concorra com esta e/ou com os franqueados da rede UNIDAS RENT A CAR e/ou com os FORNECEDORES HOMOLOGADOS num raio de 100 (cem) quilômetros de qualquer estabelecimento que ostente as MARCAS."

Justifica-se essa restrição, assumida pelos agravados à luz do princípio da autonomia da vontade, uma vez que o contrato de franquia estabelece uma relação de íntima parceria na atividade objeto do contrato, muito semelhante à *"affectio societatis"*, que dá forma e estrutura a todo o edifício do direito societário.[1] Parece razoável que o franqueador procure proteger-se desde logo contra atividade concorrente que possa ser desenvolvida pelo franqueado, que, após o acesso amplo à tecnologia e "know-how" desenvolvidos pelo franqueador, venha a estabelecer-se em concorrência direta ou indireta ao franqueador e à própria rede de franquias, tanto que encerrada a primitiva relação contratual mantida com o franqueador. Legítima, portanto, a limitação de 02 anos imposta pela cláusula supra transcrita, que pode ser reconhecida no âmbito da tutela antecipada, evidenciado nitidamente o perigo de dano acaso concedida a final. Adiar essa vedação ao franqueado pode representar, em tese, um financiamento à nova atividade do franqueado, que, inadimplente, apropria-

[1] Veja-se a redação do artigo 2º, da Lei nº 8.955, de 15.12.94, que "dispõe sobre o contrato de franquia empresarial": "Art. 2º - Franquia empresarial é o sistema pelo qual um franqueador cede ao franqueado o direito de uso de marca ou patente, associado ao direito de distribuição exclusiva ou semiexclusiva de produtos ou serviços e, eventualmente, também ao direito de uso de tecnologia de implantação e administração de negócio ou sistema operacional desenvolvidos ou detidos pelo franqueador, mediante remuneração direta ou indireta, sem que, no entanto, fique caracterizado vínculo empregatício."

AGRAVO DE INSTRUMENTO Nº 0087724-62.2011.8.26.0000- SÃO PAULO - FORO CENTRAL CÍVEL - VOTO 2.545

PODER JUDICIÁRIO

TRIBUNAL DE JUSTIÇA DO ESTADO DE SÃO PAULO

se de valores que deveriam ter sido pagos ao franqueador, para abrir um novo e rentável negócio concorrente. A jurisprudência tem prestigiado esse entendimento:

"CLÁUSULA PENAL. Cláusula de não concorrência inserida em termo de confidencialidade celebrado entre as partes – Alegação de violação ao art. 170, inciso IV e parágrafo único, da C.F., e de desproporcionalidade em relação ao objeto do contrato e aos prejuízos – Violação contratual demonstrada nos autos – Penalidade válida e paritariamente pactuada – Instituto jurídico que atua como meio de coerção e também como forma de prefixação de danos – Desnecessidade de que o contratante inocente demonstre os prejuízos sofridos – Inaplicabilidade do art. 413 do Código Civil em razão do vulto do negócio jurídico e do desrespeito ao princípio da boa-fé objetiva por parte dos apelantes – Recurso improvido." (24ª Câmara de Direito Privado – Rel. Des. ROMULO RUSSO, j. 31.03.2011)

"TUTELA ANTECIPADA. CONTRATO DE FRANQUIA (FRANCHISING) – Insurgência contra decisão que deferiu a antecipação da tutela, a fim de vedar o exercício, pela franqueada, da mesma atividade da franqueadora – Existência de cláusula de não concorrência – Possibilidade – Lesão ao art. 170, IV, da Constituição Federal não configurada – Recurso não provido." (18ª Câmara de Direito Privado – Rel. Des. RUBENS CURY, j. 04.05.2.011)

Nesses termos, o voto propõe à E. Câmara o provimento do recurso, impondo aos agravados o integral respeito à disposição contratual supra transcrita, sob pena de multa diária de R$ 500,00, acrescida da correção monetária, em cada caso, desde as datas dos contratos, conforme previsto no parágrafo único da mesma cláusula supra transcrita, em ambos os contratos (fls. 94 e 134).

ADHERBAL ACQUATI
Relator

TRIBUNAL DE JUSTIÇA DO ESTADO DE SÃO PAULO - SEÇÃO DE DIREITO PRIVADO

28ª Câmara

APELAÇÃO C/ REVISÃO
Nº 1106628- 0/7

Comarca de ADAMANTINA 1.V.CÍVEL
Processo 217/05

APTE JOSÉ MARINHO NUNES SEGUNDO

APDO HOKEN INTERNATIONAL COMPANY LTDA

PAULO CÉSAR RONDON

TRIBUNAL DE JUSTIÇA DE SÃO PAULO
ACÓRDÃO/DECISÃO MONOCRÁTICA
REGISTRADO(A) SOB Nº

01656182

A C Ó R D Ã O

Vistos, relatados e discutidos estes autos, os desembargadores desta turma julgadora da Seção de Direito Privado do Tribunal de Justiça, de conformidade com o relatório e o voto do relator, que ficam fazendo parte integrante deste julgado, nesta data, negaram provimento ao(s) recurso(s), por votação unânime.

Turma Julgadora da 28ª Câmara
RELATOR : DES. DAISE FAJARDO NOGUEIRA JACOT
REVISOR : DES. ALCIDES LEOPOLDO E SILVA JUNIOR
3º JUIZ : DES. CLAUDIO LIMA BUENO DE CAMARGO
Juiz Presidente : DES. JULIO VIDAL

Data do julgamento : 18/03/08

DES. DAISE FAJARDO NOGUEIRA JACOT
Relator

VOTO Nº : 1941
APEL.Nº : 1106628-0/7
COMARCA : ADAMANTINA
APTE : JOSÉ MARINHO NUNES SEGUNDO
APDOS : HOKEN INTERNATIONAL COMPANY LTDA.
PAULO CÉSAR RONDON

AÇÃO DE INDENIZAÇÃO. DANOS MORAIS. NEGÓCIO FIRMADO ENTRE O CONSUMIDOR E O FRANQUEADO. NÃO ENTREGA DO PRODUTO. SUSTAÇÃO DO PAGAMENTO. RESPONSABILIDADE SOLIDÁRIA DA FRANQUEADORA AFASTADA. RECURSO NÃO PROVIDO.

O MM. Juiz *"a quo"* julgou procedente em parte a **Ação de Indenização** para condenar o co-réu **Paulo César Rondon** a pagar para o autor a quantia correspondente a dez (10) salários mínimos vigentes na época do pagamento a título de danos morais, afastando a responsabilidade indenizatória da co-ré e impondo ao vencido o das custas processuais e verba honorária fixada em dez por cento (10%) do valor atualizado da causa (fls. 233/237).

Inconformado, apela o autor visando a elevação da indenização arbitrada e a responsabilidade solidária da Franqueadora (fls. 240/249).

Recebido o Recurso (fl. 240), apenas a Franqueadora apresentou contra-razões pugnando pela manutenção da sentença (fls. 252/256) e os autos subiram para o reexame (fl. 257).

É o **relatório**, adotado o de fls. 233/234.

Conforme já relatado, o MM. Juiz *"a quo"* julgou procedente em parte a **Ação de Indenização** para condenar o co-réu **Paulo César Rondon** a pagar para o autor a quantia correspondente a dez (10) salários mínimos vigentes na época do pagamento a título de danos morais, afastando a responsabilidade indenizatória da co-ré e impondo ao vencido o das custas processuais e verba honorária fixada em dez por cento (10%) do valor atualizado da causa (fls. 233/237).

2

Malgrado o inconformismo do recorrente, o MM. Juiz sentenciante deu o correto desate à causa.

Ao que consta, o autor adquiriu do réu varão, ora apelante, o filtro de água fornecido pela *"franquia independente Hoken"*, pelo preço de R$ 1.150,00 em seis (6) parcelas de R$ 191,00 cada uma, representadas por cheques emitidos pelo autor no valor das prestações. Como não recebeu a mercadoria, procurou o vendedor para a solução e, sem êxito, sustou o pagamento dos cheques pendentes. Depois, o autor tomou conhecimento de que os cheques estavam sendo apresentados para protesto por uma Empresa desconhecida, denominada **J. B. Factoring & Fomento Comercial Ltda.**. Viu-se compelido a promover Medida Cautelar para a sustação do protesto e Ação Declaratória de Nulidade dos Títulos, daí o ajuizamento desta Ação para a reparação do dano moral.

Conforme bem examinado pelo Douto sentenciante, o co-réu Paulo César negociou diretamente com o autor a venda do produto pelo preço parcelado, representado por cheques, prometendo a ele a entrega, conforme se vê do *"Pedido de Aquisição"* n° A1101943 (fl. 17).

Ora, com a não entrega da mercadoria, o vendedor incorreu em inadimplemento contratual, respondendo pelas conseqüências daí decorrentes, incluindo a reparação moral que, no caso, foi arbitrada em quantia suficiente.

Outrossim, não acode o autor, ora apelante, a alegação de que a Franqueadora responde solidariamente porque fabricou o produto em questão, mesmo porque não se está a discutir defeito ou vício do produto no caso dos autos. A propósito de caso que guarda relação de semelhança com o dos autos, já se entendeu que:

"CONTRATO DE FRANQUIA - RESSARCIMENTO POR INADIMPLEMENTO CONTRATUAL - INOCORRÊNCIA - RETORNO DO INVESTIMENTO - RISCO DO FRANQUEADO - RESPONSABILIDADE SOLIDÁRIA - IMPREVISIBILIDADE. - No contrato de franquia ou "franchising", o franqueador transfere todo o seu know-how, mas não está obrigado por lei a

3

estimar o prazo para retorno do investimento, assumindo o próprio franqueado os riscos inerentes ao negócio implementado. - A responsabilidade solidária do franqueador não tem previsão legal e, no caso de não ter também previsão contratual, não poderá ser presumida. Apelação 2.0000.00.472603-8/000(1) TJMG. Relator FERNANDO CALDEIRA BRANT. J. 30.11.2004."

Assim, impõe-se a rejeição do Recurso com a manutenção integral da r. sentença apelada por seus próprios e jurídicos fundamentos, inclusive no tocante às verbas do sucumbimento.

Diante do exposto, nega-se provimento aos Recursos.

DAISE FAJARDO NOGUEIRA JACOT
Relatora

PODER JUDICIÁRIO
TRIBUNAL DE JUSTIÇA DO ESTADO DE SÃO PAULO

Registro: 2012.0000087689

ACÓRDÃO

Vistos, relatados e discutidos estes autos de Apelação nº 9200156-07.2007.8.26.0000, da Comarca de São Paulo, em que são apelantes SPPS CAFÉ LTDA (JUSTIÇA GRATUITA), SÍLVIA PATRÍCIA PATRIOTA SILVA e FRAN S CAFÉ FRANCHISING LTDA sendo apelado OS MESMOS.

ACORDAM, em 20ª Câmara de Direito Privado do Tribunal de Justiça de São Paulo, proferir a seguinte decisão: "Negaram provimento ao recurso das autoras-reconvindas e deram parcial provimento ao recurso da ré-reconvinte. V.U.", de conformidade com o voto do Relator, que integra este acórdão.

O julgamento teve a participação dos Exmos. Desembargadores LUIS CARLOS DE BARROS (Presidente) e CORREIA LIMA.

São Paulo, 5 de março de 2012.

Álvaro Torres Júnior
RELATOR
Assinatura Eletrônica

PODER JUDICIÁRIO
TRIBUNAL DE JUSTIÇA DO ESTADO DE SÃO PAULO

VOTO Nº: 21125

APEL.Nº: 9200156-07.2007.8.26.0000
COMARCA: São Paulo
APTE. : SPPS Café Ltda. e outro e Fran's Café Franchising Ltda.
APDO. : os mesmos

CONTRATO – Franquia - "Fran's Café" – Pretensão à anulação por erro – Impossibilidade – Não configuração do vício de consentimento – Autoras suficientemente instruídas a respeito do negócio – Erro, ainda que ocorresse, não seria escusável – Autora é administradora de empresas, que deve necessariamente conhecer os percalços relativos à gestão de empresas – Art. 138 do CC - Pretensão afastada.
CONTRATO – Franquia - "Fran's Café" – Pretensão Resolução contratual por culpa da franqueadora – Impossibilidade – Bem ou mal, os deveres da franqueadora relativos a assessoria e auxílio foram prestados – Faturamento insuficiente e altos custos de infraestrutura – Circunstâncias afeitas ao risco empresarial assumido pela franqueada – Pretensão afastada.
CONTRATO – Franquia - "Fran's Café" – Pretensão à resolução contratual por onerosidade excessiva – Impossibilidade – Ausência dos requisitos de imprevisibilidade e de extraordinariedade - Art. 478 do CC – Pretensão afastada.
CONTRATO – Franquia - "Fran's Café" – Pretensão Resolução contratual por culpa das franqueadas – Cabimento – Descumprimento de diversos deveres contratuais – Resolução de pleno direito prevista contratualmente – Cominação das multas e obrigações de fazer previstas pelo contrato para o caso de rescisão – Admissibilidade – Pretensão da ré-reconvinte acolhida.
CONTRATO – Franquia - Descumprimento - Imposição do dever de não concorrência – Impossibilidade – Prazo já expirado – Conversão em perdas e danos – Devolução de manuais e materiais publicitários – Admissibilidade – Encargo previsto contratualmente – Condenação à obrigação de fazer, sob pena de multa diária – Art. 461, § 5º, do CPC – Pretensão da ré-reconvinte acolhida.
DANO MORAL - Não configuração – Pessoa jurídica – Abalo de seu bom nome no comércio - Não demonstração Descumprimento contratual não implica, por si só, dano moral – Jurisprudência do STJ – Pretensão da ré-reconvinte afastada.
Recurso das autoras-reconvindas desprovido.
Recurso da ré-reconvinte parcialmente provido.

Apelação nº 9200156-07.2007.8.26.0000 - São Paulo

2

PODER JUDICIÁRIO

TRIBUNAL DE JUSTIÇA DO ESTADO DE SÃO PAULO

1. Sentença que julgou improcedente ação anulatória de contrato de franquia e parcialmente procedente a reconvenção, somente para rescindir o contrato por culpa das autoras, que foram condenadas a arcar com o pagamento das custas, das despesas processuais e dos honorários advocatícios fixados em 10% sobre o valor da causa.

Apelam as partes.

As autoras sustentam que: i) o contrato deve ser anulado por erro; (ii) o contrato deve-se resolver por inadimplemento da franqueadora ou por onerosidade excessiva; e (iii) em qualquer caso, fazem jus à devolução da taxa de franquia e de todas os gastos relativos à implementação do negócio.

A ré, em recurso adesivo, afirma que: (i) em razão do inadimplemento culposo, as autoras devem arcar com as multas contratuais previstas nas cláusulas 37 e 39 do contrato; (ii) a avença obriga as franqueadas à devolução de todos os manuais e materiais promocionais cedidos por comodato; (iii) há também previsão contratual de obrigação de fazer consistente no cumprimento dos deveres autônomos previstos na cláusula 33, notadamente a não concorrência e manutenção do sigilo; e (iv) faz jus à indenização por danos morais.

Recursos tempestivos, bem processados e contrariados.

2.1. **Anulação do negócio jurídico por erro.**

É ação anulatória cumulada com pedido de indenização por perdas e danos relativa ao contrato de franquia firmado entre as partes em 02-6-2003 (cf. fl. 72), pelo qual as autoras-franqueadas utilizariam a marca e os métodos da ré-franqueadora para operar uma cafeteria em endereço nobre desta Capital, em troca de diversas retribuições econômicas, especialmente royalties e taxa de propaganda.

Não se verifica defeito do negócio jurídico gerido entre as partes.

Segundo Maria Helena Diniz, "erro é uma noção inexata, não verdadeira, sobre alguma coisa, objeto ou pessoa, que influencia a formação da vontade", acrescentando que "o erro para viciar a vontade e tornar anulável o negócio deve ser substancial (CC art. 138), escusável e real, no sentido de que há de ter por fundamento uma razão plausível, ou ser de tal monta que qualquer pessoa inteligente e de atenção ordinária seja capaz de cometê-lo" (cf. Curso de Direito Civil Brasileiro, 1° Volume, São Paulo, Saraiva, 2002, p. 383).

Ainda segundo aquela civilista, "o erro escusável é aquele que é justificável, tendo-se em conta as circunstâncias do caso. Depende a escusabilidade da pessoa que a oferece, bastando mencionar, p. ex., que um técnico dificilmente pode escusar-se de erro por ele praticado, na área de sua especialidade" (idem, p. 383-384).

Nada indica que as autoras ignoravam as características do contrato de franquia a que aderiram, notadamente após receberem a "circular de oferta de franquia" (cf. fls. 77-192), documento que detalha minuciosamente o negócio.

PODER JUDICIÁRIO

TRIBUNAL DE JUSTIÇA DO ESTADO DE SÃO PAULO

Considere-se que a coautora Silvia Patrícia Patriota Silva identifica-se como administradora de empresas profissional (cf. fl. 2), de modo que não pode alegar desconhecimento de todas as circunstâncias que envolvem o contrato de franquia – especialmente o dispêndio efetivo com infraestrutura maior que o estimado e o faturamento menor que o projetado.

Ainda que desconhecesse, não se pode considerar escusável semelhante erro se cometido por profissional com aquela qualificação, presumivelmente familiarizada com os percalços típicos da gestão de uma empresa, mesmo quando estabelecida em área sujeita a grande concorrência.

2.2. **Resolução contratual por culpa da ré-reconvinte ou por onerosidade excessiva.**

Tampouco prospera o pedido declaratório das autoras de resolução contratual, seja por culpa da ré-reconvinte, seja por onerosidade excessiva.

Não se vislumbra inadimplemento contratual da franqueadora, nem há como relacionar eventual omissão sua ao baixo faturamento da empresa franqueada e ao elevado custo de infraestrutura.

Em nenhum momento a ré-reconvinte garantiu à autora um faturamento mínimo decorrente do contrato de franquia, o que seria ademais impossível, uma vez que a arrecadação de uma empresa se submete a diversos fatores acima do controle dos contratantes, tais como a conjuntura macroeconômica, preços de insumos, concorrência, demanda e até as condições de segurança pública na região do estabelecimento.

Tampouco o gasto excessivo com infraestrutura para a instalação do estabelecimento é imputável à franqueadora.

A projeção de custos constante da circular de oferta de franquia de forma alguma garante gastos mínimos. Aquele documento adverte explicitamente que as estimativas "poderão variar substancialmente, em função das dimensões do estabelecimento comercial selecionado para se instalar a unidade franqueada, assim como em razão da região onde o franqueado deseje instalar-se, bem como em função das condições físicas do local selecionado" (sic, fl. 99).

Acrescente-se que - bem ou mal, mal ou bem - os deveres da franqueadora relativos à assessoria e auxílio foram prestados, como comprovam os inúmeros documentos relacionados a treinamento, supervisão e cessão de manuais (cf. fls. 509-595), além do material publicitário, apesar de escasso (cf. fl. 964-973).

Tampouco há falar-se em onerosidade excessiva ensejadora de resolução do contrato.

De acordo com o art. 478 do CC, "nos contratos de execução continuada ou diferida, se a prestação de uma das partes se tornar excessivamente onerosa, com extrema vantagem para a outra, em virtude de acontecimentos

Apelação nº 9200156-07.2007.8.26.0000 - São Paulo

4

PODER JUDICIÁRIO
TRIBUNAL DE JUSTIÇA DO ESTADO DE SÃO PAULO

extraordinários e imprevisíveis, poderá o devedor pedir a resolução do contrato".

Ora, um faturamento abaixo do esperado e um dispêndio maior que o projetado de forma alguma podem se considerar extraordinários e imprevisíveis – ao contrário, são circunstâncias ordinárias à atividade empresarial.

Observe-se que é bem por conta da instabilidade inerente ao negócio que a ré exerce a atividade de **franchising**, transferindo aos franqueados parte dos bônus e ônus típicos da atividade empresarial.

2.3. **Inadimplemento contratual da franqueada.**

Se por um lado não se cogita de resolução por culpa da franqueadora, por outro se evidencia a extinção contratual por culpa das franqueadas.

A cláusula 32 do pacto (cf. fl. 64) prevê diversas hipóteses de resolução contratual de pleno direito, entre as quais a violação da obrigação de não-concorrência (inciso III) e comercialização de produtos não autorizados pela franqueadora (inciso IV).

Ora, é incontroverso (cf. fls. 1.040-1.052) que as autoras, pelo menos desde 16-8-2005, comercializaram produtos outros que não os autorizados pelo contrato (cf. fl. 983), o que foi, ademais, comprovado por fotografias (cf. fls. 630-644).

Também não se controverte que as autoras utilizaram o mesmo ponto comercial para novo estabelecimento comercial no mesmo nicho de mercado, denominado "Padre Nosso" (cf. fl. 990), violando o dever de não-concorrência.

Há mais.

As autoras violaram ainda outros deveres pactuados, retirando a logomarca instalada na parte interna da cafeteria, utilizando xícaras diferentes das autorizadas pela franqueadora e empregando uma lousa na entrada para divulgar produtos e preços aos transeuntes (cf. fls. 631-644).

Eram deveres contratuais das franqueadas "controlar o padrão visual do estabelecimento comercial", "respeitar todos os padrões arquitetônicos e de identidade visual" e instalar os displays fornecidos a elas em comodato (cf. cláusula doze, itens VI, XII e XII, fl. 50).

A cláusula 31, inciso VIII, considerava causa de rescisão contratual a desobediência "aos padrões arquitetônicos" e "de identificação visual" (cf. fl. 63).

O exposto basta para a configuração da resolução contratual por culpa das franqueadas, na data de 16-8-2005, quando a franqueadora teve comprovada ciência do inadimplemento.

2.4. **Multas contratuais.**

PODER JUDICIÁRIO

TRIBUNAL DE JUSTIÇA DO ESTADO DE SÃO PAULO

Consequência da extinção anômala do contrato é que a parte culpada deverá arcar com a pena cominada pela cláusula 37 (cf. fl. 69), que prescreve multa equivalente a cinco vezes o valor da taxa de franquia vigentes à época de seu pagamento, ou seja, o quíntuplo de R$ 33.000,00 (cf. cláusula quarta do pré-contrato de franquia, fl. 346).

A comercialização de produtos não autorizados carreia à franqueada também uma multa específica, equivalente à metade do valor da taxa inicial de franquia, de acordo com a cláusula 39 (cf. fl. 69).

2.5. **Obrigação de devolução de manuais e materiais promocionais.**

Exatamente por decorrer de previsão contratual, também procede o pedido reconvencional consistente em ordenar à franqueada a observância dos deveres autônomos impostos pela cláusula 33 (cf. fls. 66-68), notadamente a devolução de manuais, material promocional e de propaganda cedidos em comodato, além do dever de sigilo quanto às informações decorrentes da relação havida entre as partes.

A devolução dos bens dados em comodato deverá ocorrer no prazo de 30 dias, após o qual incidirá pena de multa diária ora arbitrada em R$ 500,00, nos termos do art. 461, §4º, do CPC.

2.6. **Dever de não-concorrência.**

Inviável a imposição às franqueadas da obrigação de se absterem de concorrer com a franqueadora.

A vedação de tal prática perduraria por três anos contados a partir da extinção contratual (cf. cláusula trinta, fls. 61-62).

Ocorre que, se a resolução ocorreu em 16-8-2005, expirou em 2008 o prazo cominado por aquele dispositivo contratual.

Observe-se que a reconvinte não pleiteou a antecipação da tutela para esse fim, restando-lhe reparação por perdas e danos a serem apurados em liquidação de sentença.

2.7. **Pedido indenizatório por danos morais.**

A franqueadora não faz jus à pretendida indenização por dano moral.

É certo que, em princípio, a pessoa jurídica pode sofrer dano dessa natureza, conforme súmula 227 do STJ.

A sua incidência, porém, depende de cada caso.

Aqui, o inadimplemento pode até ter trazido dor à representante

PODER JUDICIÁRIO
TRIBUNAL DE JUSTIÇA DO ESTADO DE SÃO PAULO

legal da ré, que tem honra subjetiva, não à pessoa jurídica - esta tem honra objetiva, pois goza de uma reputação junto a terceiros, passível de ficar abalada por atos que afetem o seu bom nome no mundo civil ou comercial onde atua. Evidentemente que o dano extrapatrimonial não se caracterizou porque o fato não produziu semelhante efeito.

O E. STJ, no exame do REsp 195.842-SP - 4ª Turma, rel. Min. Ruy Rosado, decidiu: "Quando se trata de pessoa jurídica, o tema da ofensa à honra propõe uma distinção inicial: a honra subjetiva, inerente a pessoa física, que está no psiquismo de cada um e pode ser ofendida com os atos que atinjam a sua dignidade, respeito próprio, auto-estima etc., causadores da dor, humilhação, vexame; a honra objetiva, externa do sujeito, que consiste no respeito, admiração, apreço, consideração que os outros dispensam à pessoa. Por isso se diz que a injúria um ataque à honra subjetiva, à dignidade da pessoa, enquanto a difamação é ofensa à reputação que o ofendido goza no âmbito social onde vive. A pessoa jurídica, criação de ordem legal, não tem capacidade de sentir emoção e dor, estando por isso desprovida da honra subjetiva e imune à injúria. Pode padecer, porém, de ataque à honra objetiva, pois goza de uma reputação junto à terceiros, passível de ficar abalada por atos que afetem o seu bom nome no mundo civil ou comercial onde atua"(RT 767/212).

Nada há nos autos comprovando o abalo ao bom nome da franqueadora no comércio, eis que não demonstrada nem sequer a divulgação do desentendimento entre os contratantes.

De mais a mais, o STJ rejeita a condenação por dano moral decorrente do simples descumprimento contratual:

"RECURSO ESPECIAL. AÇÃO DE INDENIZAÇÃO. DANOS MATERIAIS E MORAIS. PLANO DE SAÚDE. ENTIDADE DE AUTOGESTÃO. RESSARCIMENTO DE VALOR PARCIAL DE CIRURGIA. INADIMPLEMENTO CONTRATUAL. CLÁUSULA. INTERPRETAÇÃO. DANO MORAL NÃO CONFIGURADO. 1. O inadimplemento motivado pela discussão razoável acerca do descumprimento de obrigação contratual, em regra, não causa, por si só, dano moral, que pressupõe ofensa anormal à personalidade" (cf. REsp. 1244781/RS, rel. Min. Maria Isabel Gallotti, j. 24-5-2011).

"**AÇÃO DE RESCISÃO DE CONTRATO. EMPREENDIMENTO IMOBILIÁRIO. IMPONTUALIDADE NA ENTREGA DA OBRA. DANOS MORAIS. O inadimplemento de contrato, por si só, não acarreta dano moral, que pressupõe ofensa anormal à personalidade. É certo que a inobservância de cláusulas contratuais pode gerar frustração na parte inocente, mas não se apresenta como suficiente para produzir dano na esfera íntima do indivíduo, até porque o descumprimento de obrigações contratuais não é de todo imprevisível**" (cf. REsp. 876.527/RJ, rel. Min. João Otávio de Noronha, DJ. 28-4-2008).

2.6. Diante de todo o quadro aqui exposto, era mesmo improcedente a ação, pelo que o recurso das autoras deve ser desprovido.

A reconvenção é parcialmente procedente, para se declarar a

PODER JUDICIÁRIO

TRIBUNAL DE JUSTIÇA DO ESTADO DE SÃO PAULO

resolução contratual por culpa das franqueadas e lhes condenar ao pagamento das multas contratuais previstas nas cláusulas 37 e 39, além das perdas e danos relativos ao descumprimento da cláusula de não-concorrência e a cominação das demais obrigações de fazer contidas na cláusula 33, especialmente a devolução dos manuais e demais materiais promocionais e publicitários, sob pena de multa diária.

Embora tenha sucumbido com relação ao pedido de danos morais, a ré-reconvinte venceu no tocante a todos os outros, carreando-se às autoras o pagamento das custas, despesas processuais e honorários de advogado (cf. art. 21, parágrafo único, do CPC), fixados em 10% sobre o valor da condenação, a serem apurados por liquidação.

Observe-se, por fim, que embora o pedido condenatório reconvencional seja líquido, a conversão de um dos pedidos cominatórios em perdas e danos torna ilíquida a condenação, fazendo-se portanto necessária a fase de liquidação.

3. Negaram provimento ao recurso das autoras-reconvindas e deram parcial provimento ao recurso da ré-reconvinte.

ÁLVARO TORRES JÚNIOR
Relator

Apelação nº 9200156-07.2007.8.26.0000 - São Paulo

8

TRIBUNAL DE JUSTIÇA
PODER JUDICIÁRIO
São Paulo

Registro: 2011.0000267356

ACÓRDÃO

Vistos, relatados e discutidos estes autos do Apelação nº 0008489-18.2009.8.26.0032, da Comarca de Araçatuba, em que é apelante/apelado MARCOS AUGUSTO SECCO sendo apelado/apelante AILTON BRAZ SALAZAR ARAÇATUBA - ME.

ACORDAM, em Câmara Reservada de Direito Empresarial do Tribunal de Justiça de São Paulo, proferir a seguinte decisão: "Deram provimento, em parte, ao recurso do réu e negaram provimento ao recurso adesivo da autora. V.U.", de conformidade com o voto do Relator, que integra este acórdão.

O julgamento teve a participação dos Exmos. Desembargadores ROMEU RICUPERO (Presidente) e PEREIRA CALÇAS.

São Paulo, 8 de novembro de 2011.

ENIO ZULIANI
RELATOR
Assinatura Eletrônica

PODER JUDICIÁRIO
TRIBUNAL DE JUSTIÇA DO ESTADO DE SÃO PAULO

VOTO Nº: 22749

APELAÇÃO Nº: 0008489-18.2009.8.26.0032

COMARCA: ARAÇATUBA

APELANTE [S] e reciprocamente APELADO [A/S]: MARCOS AUGUSTO SECCO e AILTON BRAZ SALAZAR ARAÇATUBA - ME

JUIZ PROLATOR: ANTONIO CONEHERO JÚNIOR

Franquia – Partes que celebraram pré-contrato relativo à produção e comercialização de cartuchos remanufaturados – Franqueado que, após o prazo do pré-contrato e aquisição do know-how, recusou-se a celebrar o contrato definitivo, perseverando, contudo, no desenvolvimento da mesma espécie de atividade, sem pagamento dos royalties cabíveis – Descumprimento da avença e inobservância da boa-fé objetiva – Rescisão que se impõe, com condenação do franqueado ao pagamento de cláusula penal reduzida para R$ 40.000,00 – Apelo do réu provido, em parte (reduzir a multa para R$ 20.000,00) e recurso adesivo da autora não provido.

Vistos.

AILTON BRAZ SALAZAR ARAÇATUBA-ME ajuizou ação em face de MARCOS AUGUSTO SECCO. De acordo com a inicial, as partes firmaram um pré-contrato de franquia em 21.12.2007, visando à venda de cartuchos remanufaturados de tinta e toner, da marca "Refil Cartuchos de Impressoras", na Comarca de Londrina.

Ocorre que a avença foi descumprida porque o réu (franqueado) deixou de celebrar o contrato definitivo após a vigência do pré-contrato (um ano) e depois da aquisição do *know-how* (processo de fabricação, montagem, venda) da autora (franqueadora). O requerido teria continuado a comercializar os produtos sem pagamento de *royalties* e não mais introduziu o selo de autenticidade que permitia a conferência do volume vendido e do padrão de qualidade, alterando o nome do estabelecimento para "Life

Cartuchos e Toners" (ao invés de "Refil Cartuchos e Toners"). Daí as razões do pedido de resolução do negócio e o pagamento da cláusula penal de R$ 200.000,00.

Contestação às fls. 75/86, com alegação de: ilegitimidade passiva (o negócio teria sido transferido para a empresa de sua mãe - "Angélica Aparecida Alves Pereira Secco e Cia. Ltda."); ausência de demonstrações financeiras da franqueadora (só fez falsas promessas de lucro) e de lista das franqueadas; falta de esclarecimento sobre as atividades desenvolvidas; ausência de minuta do contrato acompanhando a proposta; inexigibilidade de celebração do contrato definitivo sem qualquer adaptação.

Réplica às fls. 91/98. Foram ouvidas duas testemunhas arroladas pela autora (fls. 164/166). Por precatória, procedeu-se à oitiva de ex-franqueado, mas foi acolhida a contradita apresentada pela autora (litigam em outro processo) e o réu interpôs agravo retido (fls. 228/230). Outros ex-franqueados arrolados pelo réu foram ouvidos (fls. 245/248). Por precatória, mais um ex-franqueado foi ouvido, só que como informante, razão pela qual novo agravo retido foi interposto pelo réu (fls. 270/271).

A ação foi julgada parcialmente procedente, com a resolução do contrato e condenação do franqueado ao pagamento de multa equivalente a R$ 40.000,00 e 2/3 das custas e honorários advocatícios (fls. 342/346). Embargos de declaração do autor foram rejeitados (fls. 348/353).

Apela o réu MARCOS, reiterando o agravo retido interposto contra a decisão que deferiu a contradita relativa à testemunha que arrolou. Ademais, invoca o princípio da boa-fé e a transparência contratual, reiterando

PODER JUDICIÁRIO
TRIBUNAL DE JUSTIÇA DO ESTADO DE SÃO PAULO

que a franqueadora tinha a obrigação de apresentar a circular de oferta de franquia com balanços e demonstrações financeiras, sob pena de anulabilidade (art. 3º e 4º, da Lei 8.955/94). Defende que a omissão da autora foi proposital, para induzir a erro o franqueado, eis que, na verdade, atividade não apresenta lucro algum. Também afirma que a carta proposta não foi clara (quanto às atividades, supervisões, orientações e treinamentos), ocultou o valor estimado para o investimento inicial, bem como os franqueados que se desligaram nos últimos 12 meses. Por fim, aduz que a franqueadora ainda praticava concorrência desleal em relação aos franqueados, ofertando os mesmos produtos pela Internet. Contrarrazões às fls. 374/395.

Interpôs a autora recurso adesivo forte no inadimplemento do contrato pelo réu e os efeitos, especialmente a comercialização dos produtos sem pagamento de *royalties*, cuja estratégia foi a de não consolidar o pacto. Argumenta que até hoje o requerido usufrui seu *know-how*, de modo que a cláusula penal deve ser mantida em seu patamar original (R$ 200.000,00), até porque o réu nem sequer pediu a sua redução. Alega, ainda, que os ônus da sucumbência não deveriam ser repartidos e compensados (fls. 396/403). Contrarrazões às fls. 408/424.

Em apenso encontram-se os autos da impugnação à assistência judiciária gratuita pedida pela autora. Houve extinção pelo fato de a requerente ter recolhido as custas processuais.

É o relatório.

Não cabe prover o agravo retido e que foi objeto de reiteração, porque não existem motivos sérios para censura do acolhimento das

PODER JUDICIÁRIO
TRIBUNAL DE JUSTIÇA DO ESTADO DE SÃO PAULO

extraordinários e imprevisíveis, poderá o devedor pedir a resolução do contrato".

Ora, um faturamento abaixo do esperado e um dispêndio maior que o projetado de forma alguma podem se considerar extraordinários e imprevisíveis – ao contrário, são circunstâncias ordinárias à atividade empresarial.

Observe-se que é bem por conta da instabilidade inerente ao negócio que a ré exerce a atividade de **franchising**, transferindo aos franqueados parte dos bônus e ônus típicos da atividade empresarial.

2.3. **Inadimplemento contratual da franqueada.**

Se por um lado não se cogita de resolução por culpa da franqueadora, por outro se evidencia a extinção contratual por culpa das franqueadas.

A cláusula 32 do pacto (cf. fl. 64) prevê diversas hipóteses de resolução contratual de pleno direito, entre as quais a violação da obrigação de não-concorrência (inciso III) e comercialização de produtos não autorizados pela franqueadora (inciso IV).

Ora, é incontroverso (cf. fls. 1.040-1.052) que as autoras, pelo menos desde 16-8-2005, comercializaram produtos outros que não os autorizados pelo contrato (cf. fl. 983), o que foi, ademais, comprovado por fotografias (cf. fls. 630-644).

Também não se controverte que as autoras utilizaram o mesmo ponto comercial para novo estabelecimento comercial no mesmo nicho de mercado, denominado "Padre Nosso" (cf. fl. 990), violando o dever de não-concorrência.

Há mais.

As autoras violaram ainda outros deveres pactuados, retirando a logomarca instalada na parte interna da cafeteria, utilizando xícaras diferentes das autorizadas pela franqueadora e empregando uma lousa na entrada para divulgar produtos e preços aos transeuntes (cf. fls. 631-644).

Eram deveres contratuais das franqueadas "controlar o padrão visual do estabelecimento comercial", "respeitar todos os padrões arquitetônicos e de identidade visual" e instalar os displays fornecidos a elas em comodato (cf. cláusula doze, itens VI, XII e XII, fl. 50).

A cláusula 31, inciso VIII, considerava causa de rescisão contratual a desobediência "aos padrões arquitetônicos" e "de identificação visual" (cf. fl. 63).

O exposto basta para a configuração da resolução contratual por culpa das franqueadas, na data de 16-8-2005, quando a franqueadora teve comprovada ciência do inadimplemento.

2.4. **Multas contratuais.**

Apelação nº 9200156-07.2007.8.26.0000 - São Paulo

5

PODER JUDICIÁRIO
TRIBUNAL DE JUSTIÇA DO ESTADO DE SÃO PAULO

Consequência da extinção anômala do contrato é que a parte culpada deverá arcar com a pena cominada pela cláusula 37 (cf. fl. 69), que prescreve multa equivalente a cinco vezes o valor da taxa de franquia vigentes à época de seu pagamento, ou seja, o quíntuplo de R$ 33.000,00 (cf. cláusula quarta do pré-contrato de franquia, fl. 346).

A comercialização de produtos não autorizados carreia à franqueada também uma multa específica, equivalente à metade do valor da taxa inicial de franquia, de acordo com a cláusula 39 (cf. fl. 69).

2.5. **Obrigação de devolução de manuais e materiais promocionais.**

Exatamente por decorrer de previsão contratual, também procede o pedido reconvencional consistente em ordenar à franqueada a observância dos deveres autônomos impostos pela cláusula 33 (cf. fls. 66-68), notadamente a devolução de manuais, material promocional e de propaganda cedidos em comodato, além do dever de sigilo quanto às informações decorrentes da relação havida entre as partes.

A devolução dos bens dados em comodato deverá ocorrer no prazo de 30 dias, após o qual incidirá pena de multa diária ora arbitrada em R$ 500,00, nos termos do art. 461, §4º, do CPC.

2.6. **Dever de não-concorrência.**

Inviável a imposição às franqueadas da obrigação de se absterem de concorrer com a franqueadora.

A vedação de tal prática perduraria por três anos contados a partir da extinção contratual (cf. cláusula trinta, fls. 61-62).

Ocorre que, se a resolução ocorreu em 16-8-2005, expirou em 2008 o prazo cominado por aquele dispositivo contratual.

Observe-se que a reconvinte não pleiteou a antecipação da tutela para esse fim, restando-lhe reparação por perdas e danos a serem apurados em liquidação de sentença.

2.7. **Pedido indenizatório por danos morais.**

A franqueadora não faz jus à pretendida indenização por dano moral.

É certo que, em princípio, a pessoa jurídica pode sofrer dano dessa natureza, conforme súmula 227 do STJ.

A sua incidência, porém, depende de cada caso.

Aqui, o inadimplemento pode até ter trazido dor à representante

Apelação nº 9200156-07.2007.8.26.0000 - São Paulo

6

PODER JUDICIÁRIO

TRIBUNAL DE JUSTIÇA DO ESTADO DE SÃO PAULO

legal da ré, que tem honra subjetiva, não à pessoa jurídica - esta tem honra objetiva, pois goza de uma reputação junto a terceiros, passível de ficar abalada por atos que afetem o seu bom nome no mundo civil ou comercial onde atua. Evidentemente que o dano extrapatrimonial não se caracterizou porque o fato não produziu semelhante efeito.

O E. STJ, no exame do REsp 195.842-SP - 4ª Turma, rel. Min. Ruy Rosado, decidiu: "Quando se trata de pessoa jurídica, o tema da ofensa à honra propõe uma distinção inicial: a honra subjetiva, inerente a pessoa física, que está no psiquismo de cada um e pode ser ofendida com os atos que atinjam a sua dignidade, respeito próprio, auto-estima etc., causadores da dor, humilhação, vexame; a honra objetiva, externa do sujeito, que consiste no respeito, admiração, apreço, consideração que os outros dispensam à pessoa. Por isso se diz que a injúria um ataque à honra subjetiva, à dignidade da pessoa, enquanto a difamação é ofensa à reputação que o ofendido goza no âmbito social onde vive. A pessoa jurídica, criação de ordem legal, não tem capacidade de sentir emoção e dor, estando por isso desprovida da honra subjetiva e imune à injúria. Pode padecer, porém, de ataque à honra objetiva, pois goza de uma reputação junto à terceiros, passível de ficar abalada por atos que afetem o seu bom nome no mundo civil ou comercial onde atua"(RT 767/212).

Nada há nos autos comprovando o abalo ao bom nome da franqueadora no comércio, eis que não demonstrada nem sequer a divulgação do desentendimento entre os contratantes.

De mais a mais, o STJ rejeita a condenação por dano moral decorrente do simples descumprimento contratual:

"RECURSO ESPECIAL. AÇÃO DE INDENIZAÇÃO. DANOS MATERIAIS E MORAIS. PLANO DE SAÚDE. ENTIDADE DE AUTOGESTÃO. RESSARCIMENTO DE VALOR PARCIAL DE CIRURGIA. INADIMPLEMENTO CONTRATUAL. CLÁUSULA. INTERPRETAÇÃO. DANO MORAL NÃO CONFIGURADO. 1. O inadimplemento motivado pela discussão razoável acerca do descumprimento de obrigação contratual, em regra, não causa, por si só, dano moral, que pressupõe ofensa anormal à personalidade" (cf. REsp. 1244781/RS, rel. Min. Maria Isabel Gallotti, j. 24-5-2011).

"**AÇÃO DE RESCISÃO DE CONTRATO. EMPREENDIMENTO IMOBILIÁRIO. IMPONTUALIDADE NA ENTREGA DA OBRA. DANOS MORAIS. O inadimplemento de contrato, por si só, não acarreta dano moral, que pressupõe ofensa anormal à personalidade. É certo que a inobservância de cláusulas contratuais pode gerar frustração na parte inocente, mas não se apresenta como suficiente para produzir dano na esfera íntima do indivíduo, até porque o descumprimento de obrigações contratuais não é de todo imprevisível**" (cf. REsp. 876.527/RJ, rel. Min. João Otávio de Noronha, DJ. 28-4-2008).

2.6. Diante de todo o quadro aqui exposto, era mesmo improcedente a ação, pelo que o recurso das autoras deve ser desprovido.

A reconvenção é parcialmente procedente, para se declarar a

PODER JUDICIÁRIO
TRIBUNAL DE JUSTIÇA DO ESTADO DE SÃO PAULO

A tese de que a circular de franquia não tinha a transparência necessária e não veio acompanhada de balancetes tampouco socorre o réu (art. 3º e 4º, da Lei 8.955/94). Competia ao franqueado avaliar os riscos do negócio, o investimento, a concorrência, o mercado consumidor de sua área de atuação.

Ademais em nenhum momento anterior o requerido alegou a invalidade da avença ou requereu eventual complementação de documentos, estando superado qualquer vício pela própria execução do contrato. Da mesma forma, inexiste prova de que o réu agiu como se tivesse desfeito o acordo, de que tentou expor as deficiências do negócio à franqueadora ou adaptar os termos do contrato definitivo, bem como de que comunicou as razões pelas quais não tinha mais interesse na franquia.

Nesse panorama e considerando que o réu é um engenheiro, mostra-se inverossímil a tese de que foi ludibriado pela autora quanto à lucratividade do negócio. A omissão do franqueado quanto ao rompimento do vínculo aliado ao fato de que deu continuidade nos meses seguintes ao negócio com o *know-how* da franqueadora indica evidente tentativa de se beneficiar da própria torpeza. Ademais e como citado por RICARDO LUIS LORENZETTI (*Contratos – Parte Especial*, Buenos Aires, tomo I, p. 300) o franqueado só ganha direito de obter benefícios com eventual frustração das expectativas do negócio em tendo ocorrido uma omissão imperdoável do franqueador ou propaganda enganosa, como quando se ocultam os fracassos, valorizando somente as franquias com êxito, por constituir engodo. Forçoso admitir que a autora não se vinculou a nenhum tipo de informação falsa ou fraudulenta.

PODER JUDICIÁRIO
TRIBUNAL DE JUSTIÇA DO ESTADO DE SÃO PAULO

A alegação de que o pré-contrato foi revogado automaticamente após um ano em virtude das desvantagens do negócio é totalmente contraditória com a manutenção das atividades. E se o réu reputou o contrato findo ao término de um ano (logo, em 21.12.2008), por qual razão, por exemplo, só devolveu máquina de recarga de cartucho depois de notificado, em 14.03.2009 (fl. 55)?

Também é inadmissível o réu sustentar sua ilegitimidade passiva sob o pretexto de que, no curso do contrato, a autora estava negociando com a pessoa jurídica "Angélica Aparecida Alves Pereira Secco e Cia. Ltda.", e não mais com ele. Está claro que referida sociedade foi criada pelo requerido, depois da celebração do pré-contrato e justamente para a comercialização dos equipamentos de informática. A constituição se deu em nome da genitora e do filho menor do franqueado, que permaneceu, obviamente, obrigado pelo negócio que em nome próprio firmou (fls. 21/27, 56, 63 e 103/104).

Evidenciado, pois, o desrespeito pelo franqueado ao princípio da boa-fé objetiva consagrado, no CC/02, no art. 422: *"Os contratantes são obrigados a guardar, assim na conclusão do contrato, como em sua execução, os princípios de probidade e boa-fé"*. A franquia é um contrato de boa-fé, afirmou FRAN MARTINS (*Contratos e obrigações comerciais*, Forense, 5ª edição, 1977, p. 596).

Sobre o assunto, inclusive, esclarece CAIO MÁRIO DA SILVA PEREIRA (Instituições de direito civil, Vol. III, 11ª ed., Rio de Janeiro, Forense, 2004, p. 20): *"Esqueceu-se o legislador de incluir expressamente na fórmula do art. 422 os períodos pré e pós-contratual, dentro dos quais o princípio da boa-fé tem importância fundamental para a criação de deveres jurídicos para as*

PODER JUDICIÁRIO
TRIBUNAL DE JUSTIÇA DO ESTADO DE SÃO PAULO

partes, diante da inexistência nessas fases de prestação a ser cumprida. Essa omissão não implica negação da aplicação da regra da boa-fé para essas fases antecedente e posterior ao contrato, muito pelo contrário, já que cabe aqui a interpretação extensiva da norma para abranger também as situações não expressamente referidas, mas contidas em seu espírito" (...) "A boa-fé objetiva serve como elemento interpretativo do contrato, como elemento de criação de deveres jurídicos (dever de correção, de cuidado e segurança, de informação, de cooperação, de sigilo, de prestar contas) e até como elemento de limitação e ruptura de direitos (proibição do venire contra factum proprium, que veda que a conduta da parte entre em contradição com conduta anterior, do inciviliter agere, que proíbe comportamentos que violem o princípio da dignidade human, e da tu quoque, que é a invocação de uma cláusula ou regra que a própria parte tenha violado)".

No caso, portanto, as partes celebraram espécie de contrato preliminar e o que se verifica é que, ao negar a celebração do contrato definitivo, o franqueado agiu de forma desleal, omitindo informações transparentes sobre o rompimento do vínculo, enquanto prosseguia na utilização da técnica adquirida.

Logo, a incidência da cláusula penal compensatória era de rigor. Sobre a temática do contrato de franquia, destaque a jurisprudência da Corte:

"AÇÃO DE RESCISÃO CONTRATUAL – INADIMPLEMENTO CONTRATUAL - Contrato de Franquia - Natureza comercial - Inaplicabilidade do Código de Defesa do Consumidor – Pré-contrato de franquia - Prorrogação tácita - Documentos juntados que comprovam o descumprimento do contrato de franquia - Descumprimento de cláusulas a autorizar a rescisão contratual - Multa - Não comprovada a existência de fato impeditivo, modificativo ou extintivo do direito da autora - Ônus da prova que cabia as rés nos termos do art. 333, II, do CPC – Sentença

mantida - RECURSO DESPROVIDO" (Apelação n° 9120071-39.2004.8.26.0000, SÉRGIO SHIMURA, 20.07.2011).

"CONTRATO DE FRANQUIA. Cessão de franquia. Ação de rescisão contratual c.c. indenização por perdas e danos. Com o prosseguimento do vínculo negociai, caberia às partes o cumprimento das obrigações que cada qual assumiu. Alegação de que a autora omitiu de forma dolosa, importante informação sobre os reais custos, faturamento e lucro da unidade franqueada. Irrazoabilidade. Cabia ao réu o estudo e a definição sobre a viabilidade do negócio, conforme estabelecido na cláusula 6, do pré-contrato. RESCISÃO UNILTERAL. O só fato de ter o franqueado interrompido por vontade própria o uso da franquia, deixa entrever a quebra unilateral, sem qualquer responsabilidade da autora (franqueadora)" (Apelação n° 7.009.349-5, JURANDIR DE SOUSA OLIVEIRA, 03.06.2008).

Contudo, o valor fixado para a cláusula penal ainda está exagerado e não condizente com a regra do art. 413, do CC, competindo reduzir para R$ 20.000,00, mesmo que não tenha ocorrido impugnação específica. O juiz deve reduzir a verba excessiva e R$ 40.000,00 não soa como adequado diante do montante global da avença que não foi formalizada.

Por esses motivos, o apelo do réu comporta recepção, em parte.

Por outro lado, o recurso adesivo da autora franqueadora também não prospera. Como bem constou da r. sentença, descabe condenar o requerido ao valor integral previsto no contrato (R$ 200.000,00) porque a quantia supera o valor da obrigação principal (R$ 60.000,00 em produtos e instalações, sendo a obrigação de pagar *royalties* variável), o que é vedado pelo art. 412, do CC.

PODER JUDICIÁRIO
TRIBUNAL DE JUSTIÇA DO ESTADO DE SÃO PAULO

Ademais, independentemente de pedido do réu, verifica-se o montante pretendido é excessivo diante da rentabilidade do negócio e do tempo em que houve adequado adimplemento, sendo cabível a redução feita pelo d. juízo *a quo* e a nova diminuição estabelecida em grau de recurso, com base no art. 413, do CC: *"A penalidade deve ser reduzida eqüitativamente pelo juiz se a obrigação principal tiver sido cumprida em parte, ou se o montante da penalidade for manifestamente excessivo, tendo-se em vista a natureza e a finalidade do negócio".*

Isso posto, dá-se provimento, em parte, ao recurso do réu (apenas para reduzir a multa para R$ 20.000,00, com juros de mora e correção monetária contados da citação e ajuizamento da ação, respectivamente) e nega-se provimento ao recurso adesivo da autora. Os demais termos da r. sentença ficam mantidos.

ÊNIO SANTARELLI ZULIANI
Relator

ÍNDICE